パートナーとうまくいく!
お客様から選ばれる!!

How to be
Full Sound Voice which make
good relationship with anyone.

愛され声の叶え方

一般社団法人 日本声診断協会 代表理事
中島由美子
Yumiko Nakajima

ビジネス社

「声診断ソフト」で、その人の特性がわかる

声は、その方の内面を映し出します。「声診断ソフト」を使って声の波形をとると、グラフに強く出ている色によって、その人の思考や性格、コミュニケーションのパターンまでがわかりますよ。

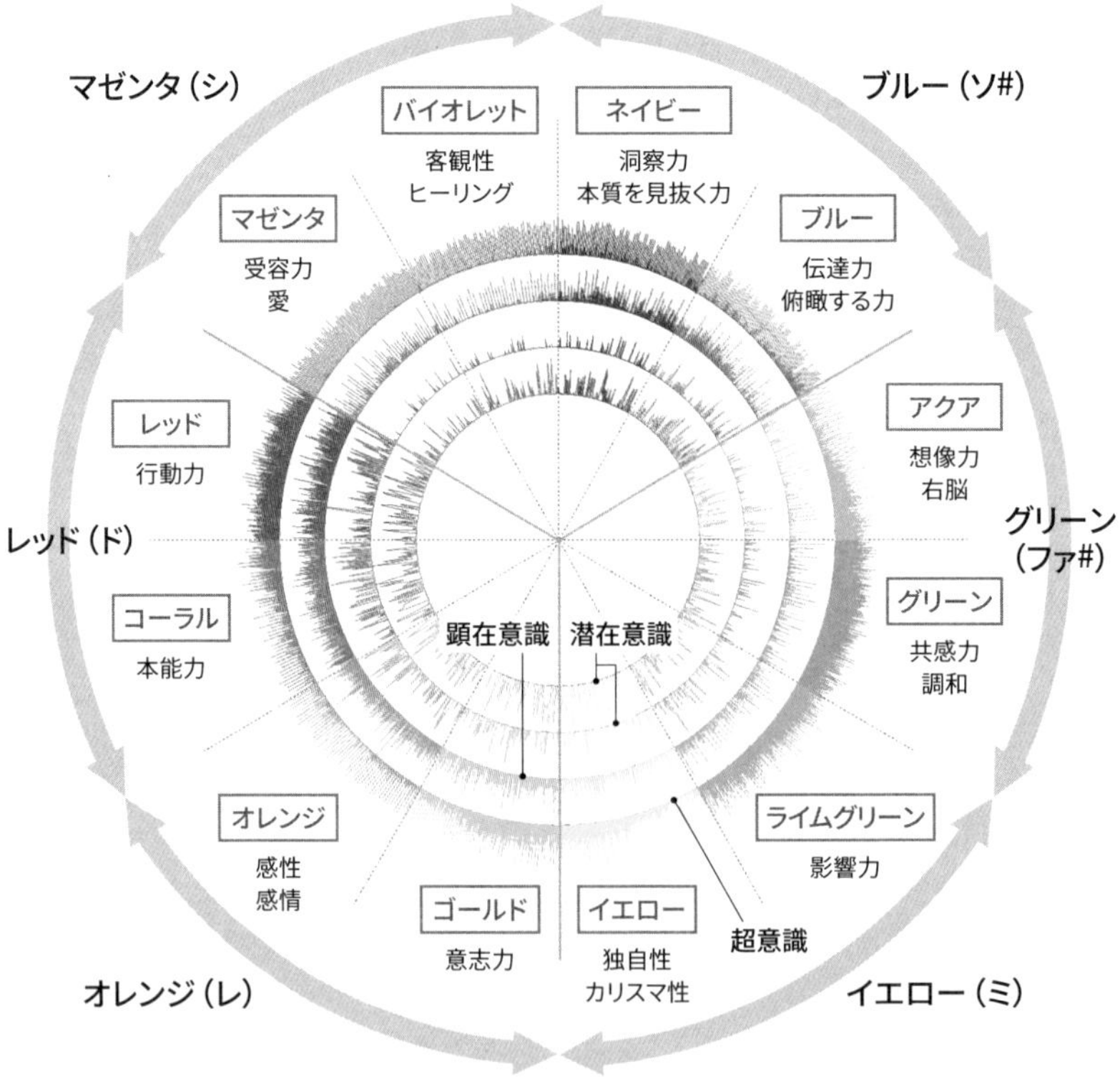

本格的な「声診断」は12色の円グラフで表示され、それを音声心理士が読み解いていきます。これは専門的な知識が必要になるため、本書では簡略化して、ネイビーとブルーを「ブルー」、アクアとグリーンを「グリーン」、ライムグリーンとイエローを「イエロー」、ゴールドとオレンジを「オレンジ」、コーラルとレッドを「レッド」、マゼンタとバイオレットを「マゼンタ」と表現して、6色で解説していきます。

英国ロイヤルファミリーを「声診断」してみると…

「声診断ソフト」を使って、英国ロイヤルファミリーのみなさんの声を分析してみました。それぞれの特徴がよく出ていると思います。

チャールズ3世国王

顕在意識の波形は、イエロー、ゴールドがとても強く出ています。これは国王のカリスマ性、リーダーシップを表わしています。潜在意識ではグリーンとブルーが出ていますから、人とのハートからのコミュニケーションや、伝達力を求めていることがわかります。

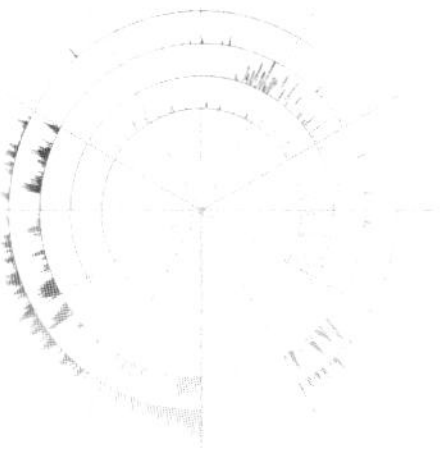

カミラ女王

レッドからイエローにかけて強く出ており、パワーが強く、現実を動かす力があります。地道な努力が得意な方に多く見られる波形です。潜在・顕在意識ともイエローからライムグリーンが強く出ており、カリスマ性があり、キャラが魅力であることを示しています。

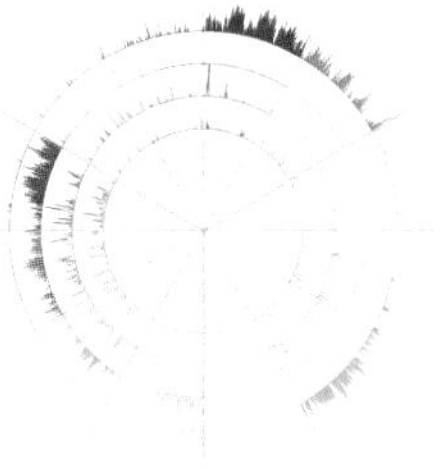

ダイアナ元妃

顕在層の波形は、ブルーからマゼンタが強く出ています。これは物事を高い次元から俯瞰しているということです。ダイアナ元妃には、いろいろなことが見えていたのではないでしょうか。潜在意識ではネイビーが強く出ており、本質を見抜く力、洞察力が強いことを示しています。ご存命であれば、時代を変えていく力があったと思われます。

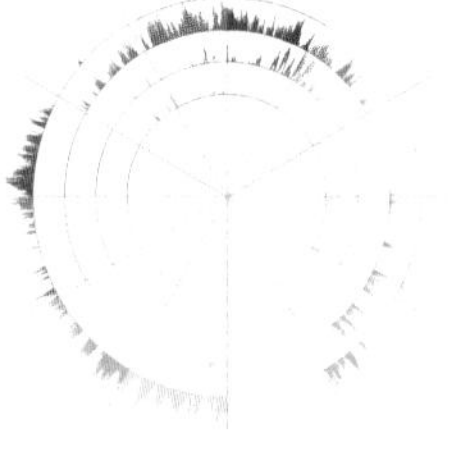

ウィリアム王子

顕在意識はダイアナ元妃の波形とよく似ています。物事の全体を捉え、俯瞰したうえで新しいものを生み出していく力があります。世の中をどうすれば平和にできるかなど、客観的に分析しながらみんながよい方向に向かうことを模索している波形です。

キャサリン妃

顕在意識ではグリーン、マゼンタが強く、共感力・受容力の高い人であることがうかがえます。イエローからレッドにかけての現実を形づくる力という部分が少ないと、世間からの攻撃の影響を受けやすくなるので、強化していくとよいでしょう。

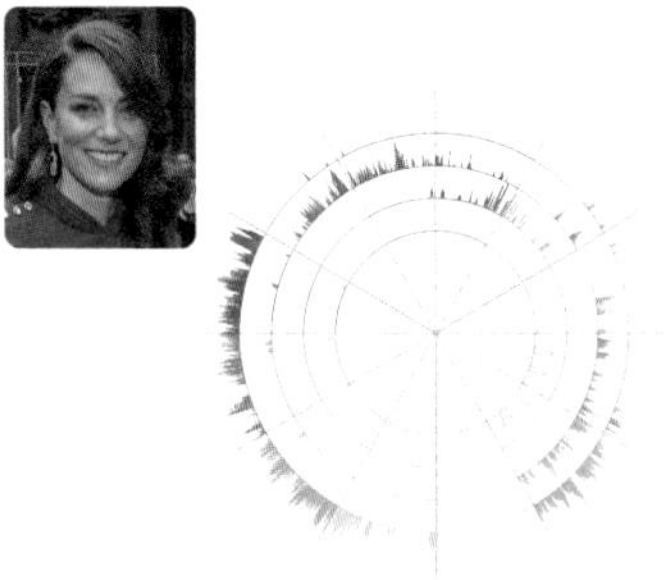

ヘンリー王子

ヘンリー王子の顕在意識はウィリアム王子と似ていて、ブルーからマゼンタにかけて強く出ています。世の中を俯瞰し、世界平和を願っていることを示しています。レッドも出ているため、具体的にどうしたらよいかを考えて行動していくことを望んでいます。

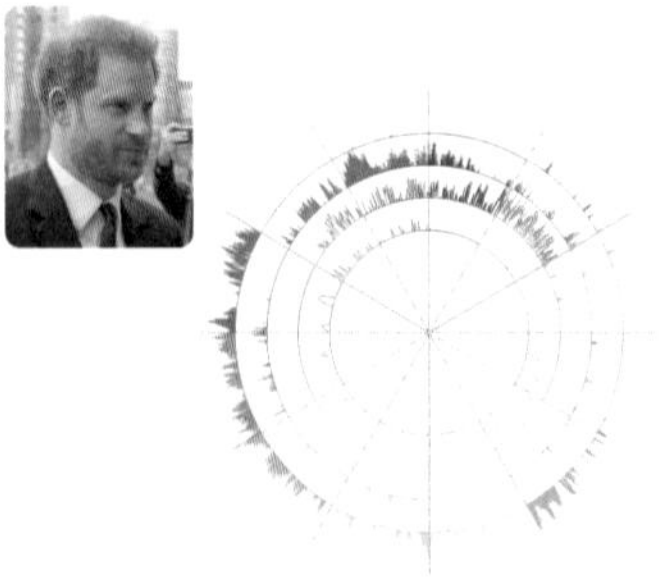

メーガン夫人

顕在意識では、レッドからライムグリーンにかけて強く出ています。これはヘンリー王子と真逆で、受容力の高いヘンリー王子に対して、物事を決めたりリードしていくのはメーガン夫人ではないかと思われます。

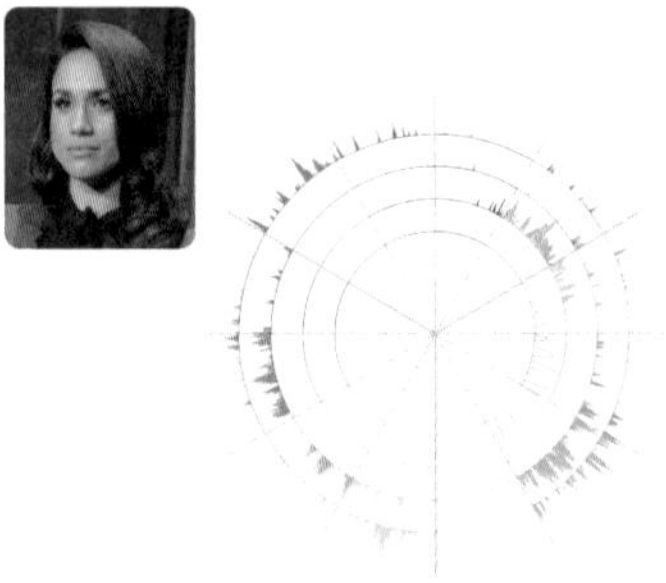

女優さんの人気の秘密を声で読み解く

多くの人から愛される女優さんたち。その人気の秘密を「声診断」で探ってみましょう。

藤原紀香さん

顕在意識を表わす円では、アクアとブルーが強く出ています。その場の空気を読んで話すことが得意な方です。また、あえて、オレンジ、ゴールド、イエローを抑えることで、周りからの嫉妬をかわすように心がけていらっしゃるようです。

潜在層ではマゼンタが強く出ており、これは社会貢献や慈善活動で世の役に立ちたいという思いを示しています。一番外側の円は未来に向かう方向性で、オレンジとゴールド、ブルーが強く出ているため、もっと本質的なことに取り組んでいきたいとの希望があるようです。

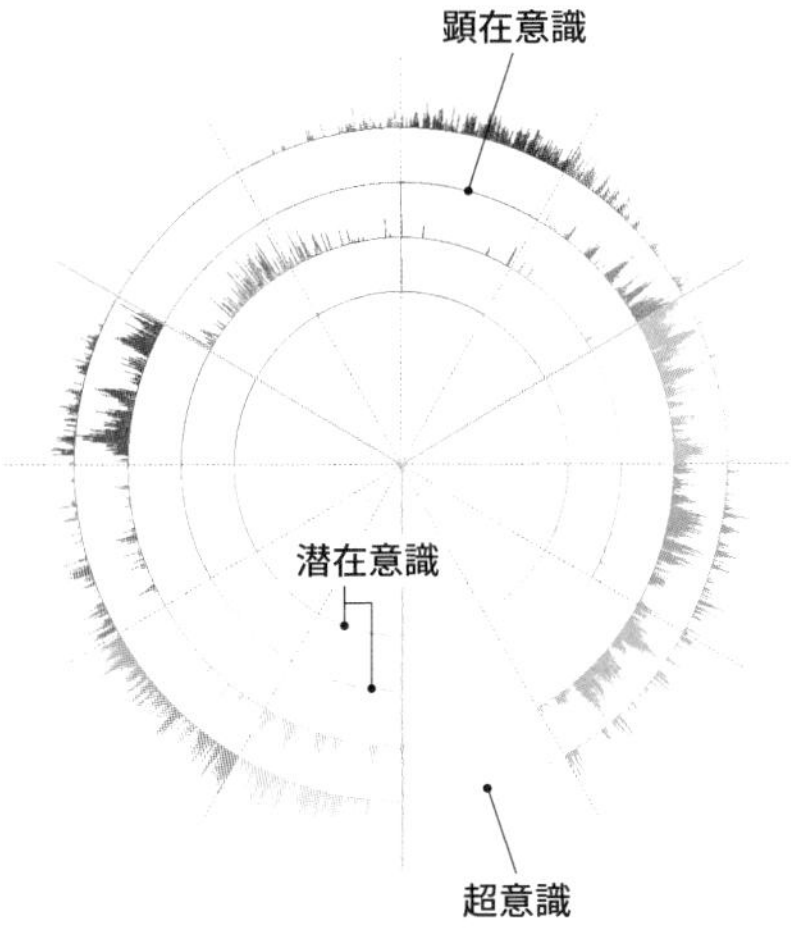

石田ゆり子さん

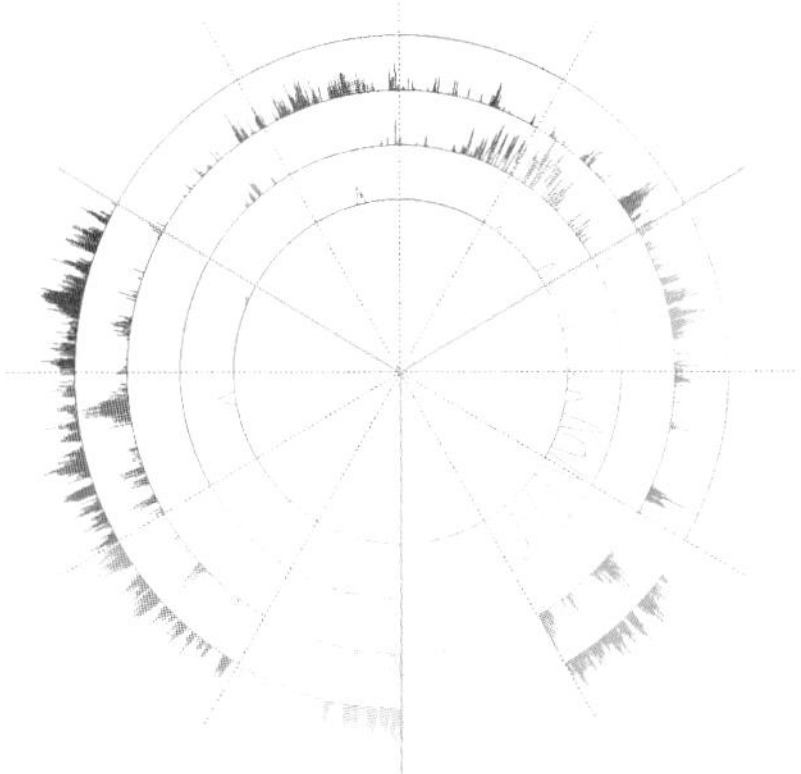

顕在層のバランスがとてもよく、中でもバイオレットが強く出ていることから、自分自身を客観視しながら、全体を俯瞰して周りの人へ気を配り、バランスをとることが得意だと思われます。

潜在ではブルーとネイビーが強いことから、本質を見る洞察力に優れ、探求するタイプです。未来に向かう先としては、レッドからオレンジ、イエロー、ライムグリーンに強く波形が出ています。今後はよりさまざまなことにチャレンジしていかれて、新しい立ち位置での活躍も期待できることと思います。

仲間由紀恵さん

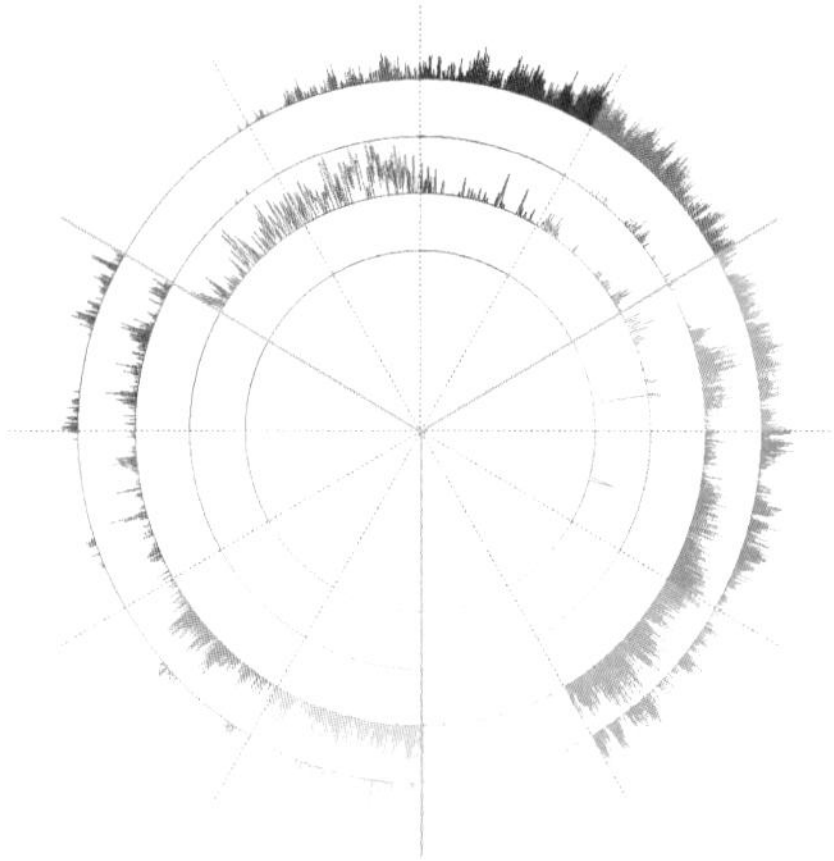

顕在意識では、ゴールド、イエロー、ライムグリーンに強く波形が出ています。これは、普段からとても自然体で、本音で生きている方に多く見られる波形です。仲間由紀恵さんのキャラクターそのものが商品というタイプです。

また潜在意識では、バイオレットに強い波形が見られます。これは物事を客観的に見ていて、感情に流されず、中立的な判断ができる人の特徴です。

未来に向かいたい方向性については、ネイビー、ブルー、アクアに強く波形が出ていることから、従来の枠を超えて新しいことにチャレンジするのを望んでいらっしゃるようです。

長澤まさみさん

顕在意識ではゴールド、イエローに強く波形が出ています。これは普段から本音・本心で生きている人に多く見られる波形です。アクアも強く出ており、自分と異なるキャラクターでも役になりきれることを表わしています。

潜在意識ではバイオレット、ネイビー、マゼンタが強く出ていることから、本質を捉えようとする洞察力、客観性を持ち合わせていることがわかります。

未来に向かう先は、グリーン、ライムグリーンに強く波形が出ています。これは、突き抜けていく才能の持ち主ゆえ、周りの人と無理なく合わせていきたいという考えの現れのように思います。

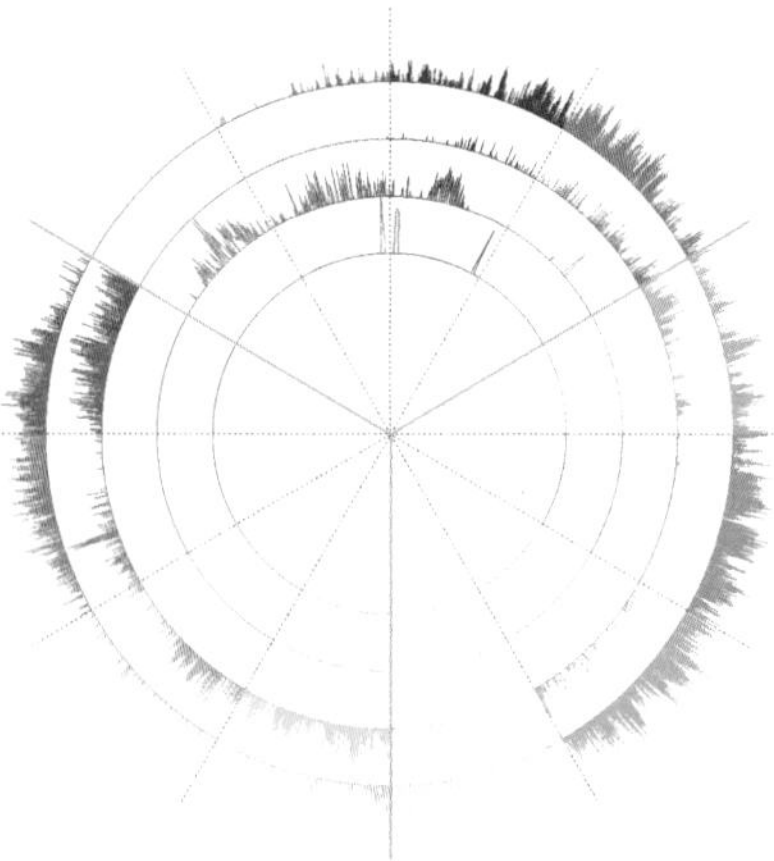

綾瀬はるかさん

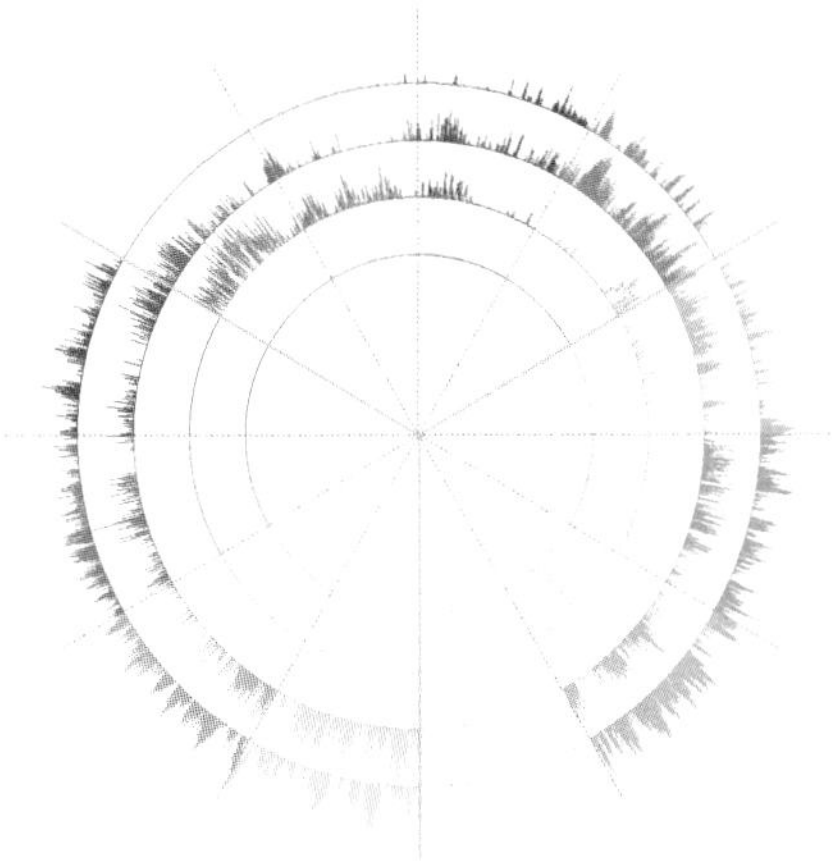

顕在層では12色ほぼすべてで波形が出ています。これは非常にバランスがとれていることを表わしています。仕事場では雰囲気を和やかにする努力を怠らず、素の自分でいることによって周りから愛されるキャラクターであることがうかがえます。

潜在層ではマゼンタが強く出ており、愛され力、受容力が高いところが、好感度が高い理由かと思われます。

未来に向かう先も全体的に波形が揃っています。綾瀬さんが出演するだけで、みなさんも癒やされるような存在へと、よりパワーアップされていくことと思います。

石原さとみさん

顕在意識はブルー、アクアが強く出ていることから、表現者としての才能が高いことがわかります。そしてライムグリーンも強いことから、自己肯定感が高いことがうかがえます。自分自身の意見を言って場をまとめる強さがあります。潜在意識では、アクアとグリーンが強く出ていることから、共感力が高く親しみやすい性格です。

未来の方向性としては、自分自身の世界観をもっと突き詰めて表現していきたいと考えていらっしゃるようです。好きなことや趣味を楽しみながら世界観を広げていかれるのではないでしょうか。

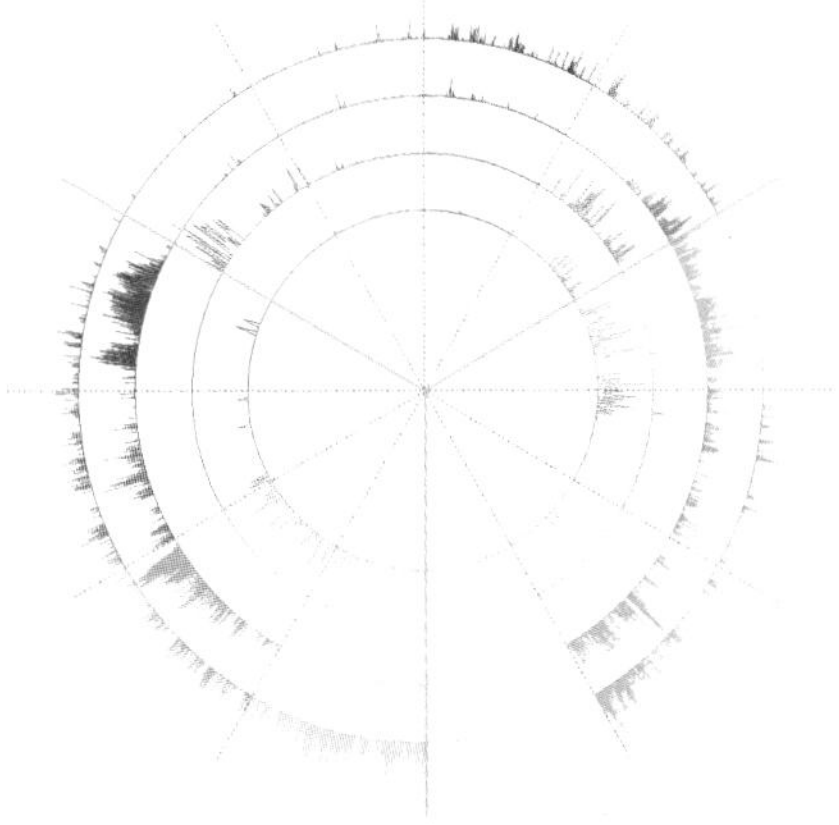

新垣結衣さん

顕在意識はアクア、ブルー、グリーンが強く出ているところから、人を大事にし、人とのつながりによって助けられてきた人生なのようです。

潜在意識でもアクア・ブルーが強く出ており、価値観の共有がとても大事で、無から有を一緒にクリエイトしていくことに喜びを感じるタイプのようです。星野源さんとのご結婚も、そうしたクリエイターの部分が共鳴したのではないでしょうか。

未来の方向性は、ゴールドからバイオレットにかけてバランスよく出ています。人との関係性や作品を通して、多彩なものをクリエイトしたいと思われているようです。

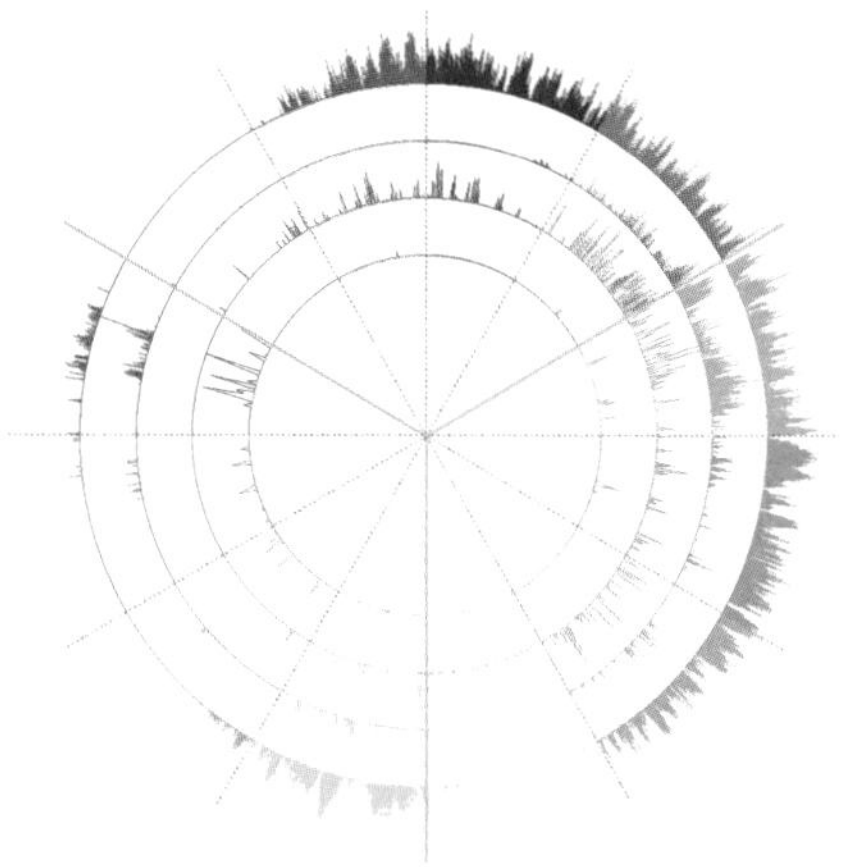

橋本環奈さん

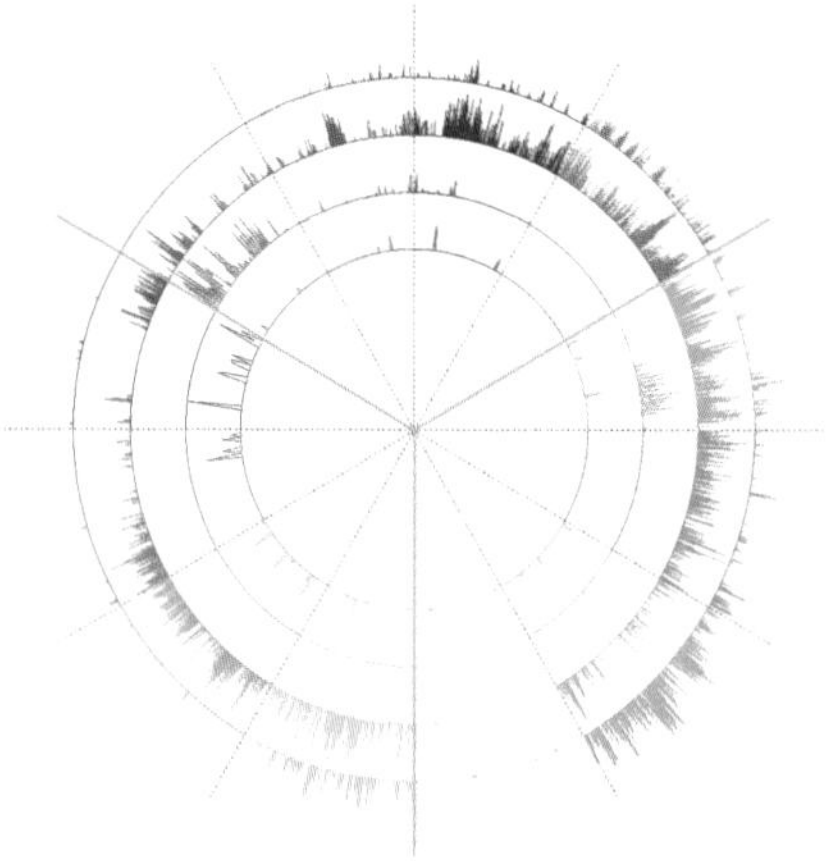

顕在意識は12色がバランスよく出ています。何か傷つくようなことがあっても、自分で自分の心のバランスがとれるようです。

潜在意識ではマゼンタが強く出ていることから、とにかく人が好きで、人懐こく、愛されキャラであることがわかります。

未来に向かいたい方向性としては、イエロー、グリーンが出ていることから、さらなるリブランディングで、持ち前のコミュニケーション能力を活かしながら、新しい分野を切り開いていく時期に来ているように思います。

目次

第1章 その人の心を読み解く「声診断」

第2章 声の波形でわかるあなたの性格診断

第3章

自分の弱い色を強くする対処法

第4章

パートナーシップの問題は声で解決できる！

第1章

その人の心を読み解く「声診断」

声診断とは、どのようなもの？

私は長年、声に関係する仕事に携わる中で、その方の声と内面には深いつながりがあることに気づきました。そうして声のもつ不思議な力の虜になり、研究を続けた結果、人の声の周波数をフーリエ変換ソフトで可聴域の1音階×8オクターブで分析し、12色の円グラフとして可視化する「声診断ソフト」の開発に成功しました。

声には、その方の内面が表われます。つまり、「声診断ソフト」を使って声の波形をとれば、その方の内面を読み解くことができるのです。波形のグラフに何色が強く出ているかによって、その方の思考や感情のパターン、コミュニケーションのメカニズム、現在抱えているコミュニケーションの課題や、その解決法までがわかります。

各色と、その色の表わす意味は、次のページのようになります。

「声診断」の各色の意味

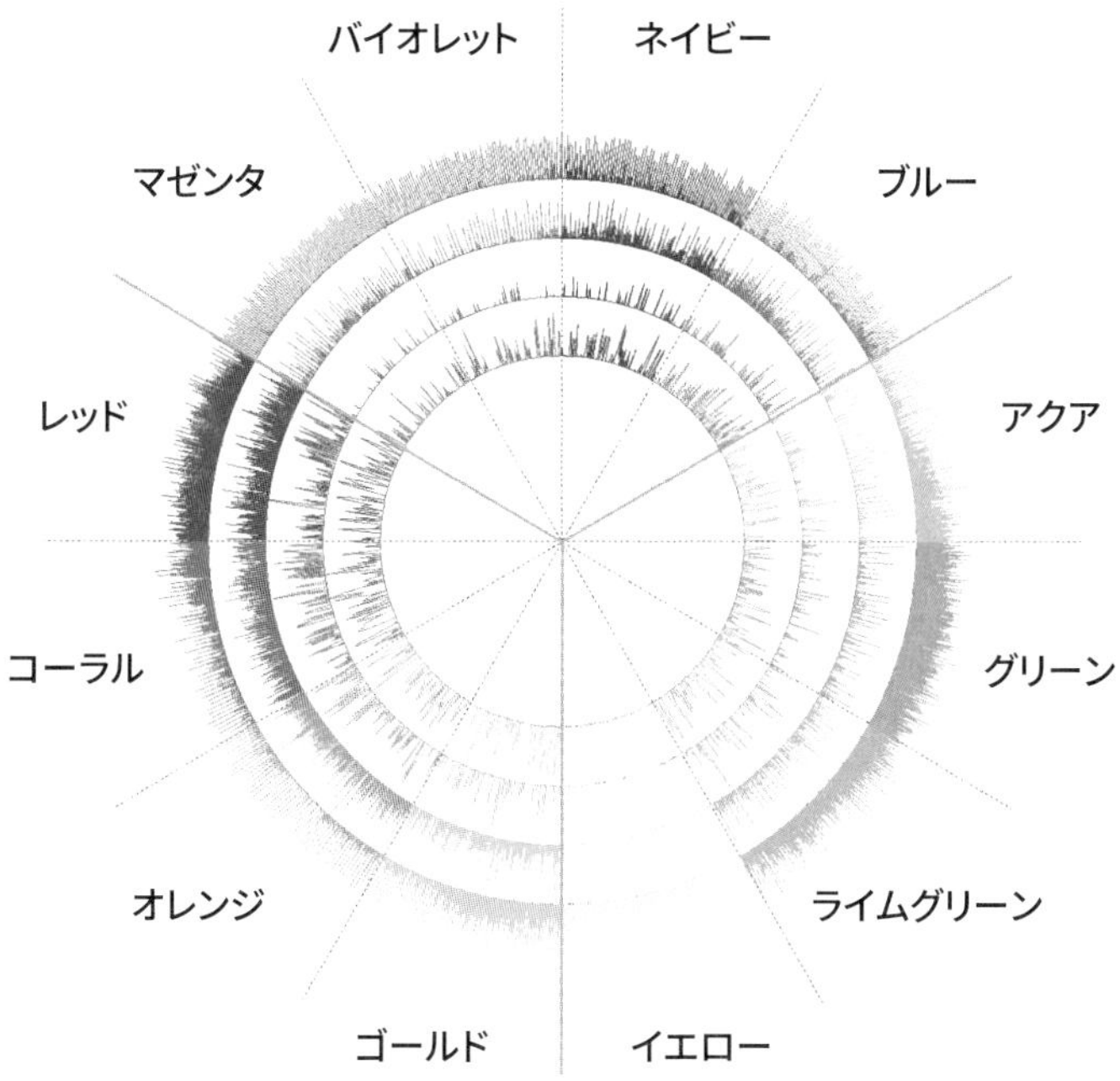

レッド コーラル	パワー、行動力。 お金や健康に関係するエネルギー。
オレンジ ゴールド	感性、意志力。 感情や思いの強さに関係するエネルギー。
イエロー ライムグリーン	カリスマカ、影響力。 自分を知ることに関係するエネルギー。
グリーン アクア	共感力、傾聴力。 コミュニケーション、チームワークに関係するエネルギー。
ネイビー ブルー	洞察力、伝達力、表現力。 伝えることに関係するエネルギー。
マゼンタ バイオレット	受容力、慈愛力。 許すこと、受け入れること。愛に関係するエネルギー。

※「声診断」は本来は12色で見ていきますが、専門的で複雑になるので、本書では6色で解説していきます（2ページを参照のこと）。

声にはすべてが表われる

私は声診断コンサルタントとして、さまざまな方から相談を受けてきました。自分の声が好きではないというお悩みも多いのですが、コミュニケーションを改善したいというお悩みも実に多いのです。

お話をうかがいながらその方の声の波形をとり、コミュニケーションの課題と照らし合わせていくうちに、声の波形と、その方の対人関係で起こりがちな問題には、相関関係があることがわかってきました。

コミュニケーションとは、人と人とが交わることで起こる化学反応といえます。人はそれぞれに思考パターンが違いますから、同じ現象を前にしても、受け取り方や反応が異なります。その差が対人関係のトラブルの元になるわけです。

しかし、声の波形を見れば、その方の思考や性格のクセといったところまでが、手にとるようにわかります。**つまり、自分の声の波形から、人間関係で絡まりがちな部分が発見できるということ。**声の波形の絡まりは、人間関係の絡まりといえるのです。

「心地よい声」は、聞く相手によって違う

さらに、人が心地よいと感じる声は、自分に足りない周波数、もしくは自分と同じ周波数に関係していることもわかってきました。たとえば、グリーンの共感声の周波数が少ない人は、グリーンが多い声に惹かれ、イエローのカリスマ声が強い人は、補色であるマゼンタの受容力声が心地よいと感じるのです。

これが、個人の声の好き嫌い、心地よさ、さらにはよい人、苦手な人という個々の判断につながっていくのです。

声の波形を見れば、自分の心のクセを見つけることができます。**仕事関係や家庭でのコミュニケーションを円滑にしていくには、自分が無自覚のうちに繰り返し使っている、思考や感情のクセに気づいて、それを取り除いていくことが一番の早道です。**

本書の第3章では、心のクセを癒やしていくための処方箋も紹介しています。

「声診断ソフト・ライト」で自分の声を診断してみよう

「声診断ソフト・ライト」はこちらから

本書の読者のみなさんは、特別に用意した「声診断ソフト・ライト」を使って、簡単に「声診断」ができます。次の手順に従って操作をしてください。

① スマホで右下のQRコードを読みとる（LINEにお友だち登録をしてください）。

② 送られてくるURLを開き画面の指示に沿って進む。

③ 画面に向かって10秒話して、声の波形をとる（ヘッドマイクをつけたほうがより正確に診断できます）。

円グラフが表示されたと思います。これがあなたの声の波形です。強く出た色と、あまり出ない色があると思います。強く出ているのがあなたの得意な領域、あまり表示されない、あるいはまったく出ない色は、あなたの苦手な領域を表わしています。

第2章

声の波形でわかる あなたの性格診断

「声診断」は、声に含まれる〝個性〟を可視化する

声の波形には、あなたの個性がすべて現れます。性格や思考のクセ、行動パターン、コミュニケーションでつまずきがちなパターン、さらには過去のトラウマなど、現在のあなたを形づくる要素のすべてが、声からわかるのです。

私は声にかかわる仕事をしていくうちに、声とその人の内面には密接な関係があることに気づき、その神秘に魅せられて、長年研究を続けてきました。そうしてオリジナルの「声診断ソフト」を開発したのです。ヘッドセットマイクをつけてソフトに話しかけると、その方の声の波形が12色で360度の円グラフになって表われます。「声」という目に見えないものが可視化されるのです。

これはつまり、声に含まれるその方の性格や思考のクセまでもが、可視化されると

いうこと。とても斬新で画期的なソフトなのです。

自分の声の波形を知ろう

18ページで紹介している「声診断ソフト・ライト」でご自分の声を診断してみてください。あなたの声は、どのような波形になりましたか？　おそらく強い色、弱い色があると思います。そこに、あなたの秘密が隠されています。あなたが人生で抱えている課題はどのようなことか、紐解いていきましょう。

【ブルーが弱い人の特徴】

自分の感情を抑えることで他人とうまくやっていこうとする

ブルーの意味するところは「伝達力」や「洞察力」です。ものごとを俯瞰し、本質を見抜く力といえます。

ブルーが弱い人は、これまでの人生で刷り込まれた数多くの「価値観」に縛られていることがよくあります。しかし、本人はそれを意識していません。

潜在意識では自分の価値観にこだわっているのですが、それをあえて意識に上げないようにして、他人との関係を維持しようとしているのです。自分のこだわりを表に出したとたんに、人間関係がぎくしゃくすることを知っているからです。

ブルーだけでなく、オレンジも弱い人は、言いたいことを言わないようにして、感情も抑えている人といえます。

自分のことがよくわからない行動ができない

ブルーが弱い人は、自分のことを説明するのが苦手です。質問しても、「うーん、どうなんでしょうね」などと、自分のことなのに明快な答えが返ってきません。

対人関係においては、言いたいことが言えず、つい我慢してしまいがち。そうした不満があとで爆発したりします。自分の気持ちを伝えるのが苦手で、理解してもらいたいのに理解してもらえず、誤解から溝が広がってしまうといったことも起こりがちになります。

パートナーシップでは、熟年離婚にな

ったり夫婦別居といった形をとる方もいらっしゃるでしょう。

また、ブルーが不足している方にありがちなのが、「片付けられない」という悩みです。実際に私のところにいらっしゃる方から、「片付けが苦手」というご相談をよくいただきます。

これはブルーの「洞察力」に関係しており、そこが欠けているために思考が整理できず、片付けも苦手になるのです。

思考の整理がつかず、考えがまとまらないために、行動のエネルギーも落ちてしまいます。よって、何をしたらよいのかもよくわからない……といったことにもなりがち。

ブルーが弱い方は70ページの処方箋を参考にして、少しずつでも波形が出るようにしていきましょう。

チャームポイント

常識的な人　余計なことは言わずにやるべきことをやる　言いたいことも飲み込んで

従う　組織に向いている人

ウィークポイント

言いたいことがいえない　考えをまとめられない　片付けが苦手

【ブルーが強い人の特徴】

弁舌が巧みなゆえに「言葉で勝って、愛で負ける」

ブルーは「伝達力」「洞察力」の象徴です。ブルーの性質が発達している人は、職場では優れた分析力で的確に判断し、論理的でわかりやすく説明することも得意なため、上からの評価も高く、出世するタイプといえます。

頭はいいけれど人情味に欠ける面も

その一方、頭がよすぎて人情味に欠ける傾向があります。本人は無意識なのですが、他人の感情よりも論理を重んじがち。ドライな人と受け取られ、敬遠されたりします。

ブルーが強い人の特徴を、私はよく「言葉で勝って、愛で負ける」と表現します。

パートナーシップにおいては相手の話に辛抱強く耳を傾けるのは苦手なタイプです。例えば女性が悩みやグチを聞いてもらいたくて話しかけても、「だから、結論は？」などと言って相手をさえぎってしまったりします。こうした男性に対して、共感してもらいたい女性が不満をつのらせるといったパターンはよくあります。

ブルーが強い人は数字にこだわる面が強く、会社の管理職なら部下の目標を立てさせるのは得意です。しかし、その目標をどうやって実現するかまでは考えてくれません。数値目標を立てさせるまでが自分の仕事だと思っているからです。

「今期はいくらやるつもり？」「具体的な方策は？」などと、どこまでいっても他人事で、上司として求められるような指導面での手腕はなかなか発揮しません。

そして叱責するときは、筋道を立ててきっちりと追い詰めます。完膚なきまでに相手を言い負かしてしまうのです。

こういう上司についていく部下は大変です。そのために部下が次々と職場から去ったりして、「頭はいいけれど、部下を育てられない人」といった評価にもなりがちです。

ブルーの波形が強すぎる人は、自分の価値観を他人に当てはめすぎていないか、振り返ってみてください。自分の価値観で他人を追い詰めないように注意しましょう。

69ページの「トーニング瞑想」も、ブルーの色を中間くらいに抑える効果があります。

チャームポイント

頭がいい　分析力がある　まとめるのがうまい　説明がじょうず　整理整頓が得意
きちんとしている

ウィークポイント

完璧主義　プライドが高い　上から目線で発言する　杓子定規　クリエイティブな発想は苦手　遊びがない

向いている職業

・コンサルタント、マーケッター
・評論家、研究者
・投資家
・建築、設計
・システムエンジニアなどＩＴ関連の職業
・語学など、言葉を使う職業

【グリーンが弱い人の特徴】

周囲と距離を保つことで人間関係をうまくこなそうとする

声の波形のグリーンは「共感力」「同調力」といったものを表わします。

このグリーンの波形が少ない人は、あえて他人との距離を保つことで、人間関係を維持しようとします。無意識の戦略として、自分の心を閉ざすことで周囲と折り合いをつけていこうとしているのです。

楽しくおしゃべりに興じることなどには興味がなく、お付き合いで時間を消費するのも苦手。そのため、周囲からはクールな人という印象をもたれます。

無理をして他人に合わせようとしないため、相手の話を聞いていないと責められたり、言ってはいけないことを言って致命傷になるようなことも……。場合によっては「空気が読めない人」といわれてしまうこともあるでしょう。

もともと男性に多いのですが、最近は女性にも増えています。特に仕事をもち、多忙な生活を送っている方は、グリーンが少なくなる傾向にあります。

独立独歩で群れないタイプ 自分軸があるともいえる

グリーンが弱い方は群れるのが苦手です。でもそれは、自分軸がはっきりしているということもできます。組織の中でやっていくのは難しい面がありますが、独立して仕事をしていくには向いています。自分の考えで行動でき、余計なことに惑わされず、やるべきことだけに集中できるからです。

とはいえ、人は一人では生きていけません。73ページでご紹介する「処方箋」を参考にして、グリーンの色が出るようにしていきましょう。人は他人と触れ合う中で学び、成長していくものなのです。

チャームポイント

いい意味で鈍感力がある　落ち込まない　打たれ強い　我が道を突き進む　自分に都合のよい話だけを聞く傾向がある　割り切るのがじょうず　感情の切り替えがじょうず

ウィークポイント

空気が読めない　相手の気持ちがわからない　失言が多い　組織の中で働くのは苦手意識せずにパワハラしがち

【グリーンが強い人の特徴】

周囲への気配りを欠かさないよい人 他人に合わせすぎで疲れる場面も

グリーンが強く出ている人は、周囲に合わせることや人の話に耳を傾けることに長けています。気が利くタイプで、人から頼まれたらイヤとは言えません。穏やかで優しい性格なので、周囲の人から慕われます。

しかし、グリーンが強すぎると相手に同調しすぎたり、空気を読みすぎて疲れてしまうようなことも起こりがち。

「気を配る」とは、文字通り自分の「気」を周囲に分け与えることですから、精神的にも肉体的にも疲労してしまうのです。

他人の気持ちを想像して同化してしまう

例えば飲み会では、他人の空いているグラスが気になり、料理がちゃんと行き届いているかと気になり、自分はまったく食事をする暇がない……などということになったりします。つねに周囲にいい顔をする自分に疲れてしまい、「どうしてもっと自己主張ができないのだろう……」と、自己嫌悪に陥ることがあるかもしれません。

グリーンが強い人は、「共感力」「同調力」が発達しているあまり、他人の気持ちと同化してしまって、自分の気持ちをうまく主張できないのです。

気立てがよく面倒見がいいのは人間としての美徳ですが、自分を主張できないのも不自由なものです。69ページを参考に「トーニング瞑想」をして、グリーンの波形がちょうどよいくらいに出るようにしていきましょう。

チャームポイント

親しみやすい　聞きじょうず　共感力がある　誰からも好かれる　友人が多い

ウィークポイント

空気を読みすぎて疲れる　他人に引っ張られる　不幸な人の話を聞くと感情移入して自分も同化してしまう（境界線がない）頼まれると断れない

向いている職業

・接客業
・教師やカウンセラー
・コミュニケーション能力を活かせる仕事

【イエローが弱い人の特徴】

世間に認められたいけれど、自信がなくて自分を出せない…

イエローが意味するのは「影響力」「カリスマ性」です。個性的な人は、このイエローの波形が強く出ています。

反対にイエローが弱い人は自分に自信がもてず、自分を抑え、感情も抑えている人です。オレンジの波形が弱い人と同じように見えますが、この2つは異なります。

オレンジが弱い人は、相手に依存することに安心感や心地よさを感じるのに対し、イエローが弱い人は、そうした自分がよくわからないという悩みを抱えていて、心の中では「認められたい」という強い欲求を抱えています。つまり、本当は自分を表現し、世間に注目されたいと願っているのです。

成功をつかんだ人に対しやっかんでしまうことも…

そのため、うまくいっている人に対して、心の中でやっかむようなことも起こりがち。テレビに出ている芸能を「あの人はこうだよね」と非難したり、成功者を見れば「だけど、こうだよね」と、心の中で批判するようなことをよくやってしまうのです。

自分を表現できない分、他人のことに目が行き、ついつい批判がましいことを考えてしまう傾向があります。しかし、そんなことをしていても、事態はいっこうに変わりません。それは自分でもわかっているけれど、自信がないために、なかなか自分を表に出せないというジレンマに陥っています。

まずは自分を認めてあげることから

対人関係では、自分の意見を求められても「う〜ん、よくわからない」と返したり、飲食店でメニューの選択にさんざん悩むなど、周囲を待たせたり、イラつかせたりすることにもなりがちです。

こういう方は、つねに「親の期待に答えなければ」というプレッシャーを感じながら育った長女や長男に多くいらっしゃるようです。

ご自分の波形にイエローが少ない方は、おいしいスイーツを食べるなど外側からの癒しも一時的には効果があります。けれど、根本的に解決するには、自分の内面と向き合うことから始めてみましょう。一人で静かな時間を過ごしたり、これまでの自分を振り返って、感謝できることを探してみてください。少しずつでよいので、自分自身で心を満たすことができる経験を重ねていきましょう。

自分の状況に満足していれば、他人のことはさほど気にならなくなるものだからです。

チャームポイント

どこへ行っても周囲に合わせられる　我慢強い　自己を犠牲にするのをいとわない　波風を立てない　どんな仕事でもできる　自分がやるべきことを黙ってやる

ウィークポイント

自分のことがよくわからない　自信がない　言いたいことを我慢してしまう　決断できない　「どっちでも」と言いがち（ただし、あとで不満に思う）　自分を過小評価しがち　自己肯定感が低い

【イエローが強い人の特徴】

自分が大好きな自信家 人の意見にも耳を傾ける努力を

イエローが強い人はとても個性的です。自分に自信があり、自分のことが大好き。数人で話し合っているとき、途中から話をもっていってしまい、延々と一人で話し続ける人がいますが、そういう人はイエローが多めの人です。どのような場であっても躊躇《ちゅうちょ》なく自分を開示することができます。

こういう方は、ご両親の愛情をたっぷり受けて育った方が多いようです。特にお母様から「ありのままのあなたでいいのよ」と言われて育ったような方は負けず嫌いな面があり、イエローが強く出る傾向があります。

他人の気持ちや意向は意に介さない面も

ユニークなキャラクターゆえに社交の場では人気者で、それなりにモテます。個性の強さが楽しい人ではありますが、しかし、一緒に暮らしたり、家族となると問題が起きることもあります。イエローが強い人は自分が大好きなので、すべての行動の基準が「自分の好き嫌い」になるからです。

例えば休日に外食するにしても、イエローが強いご主人が焼き肉を食べたければ、奥様や娘さんが乗り気でなくても、どうしたって焼き肉を食べに行くことになりがちです。

この個性の強さがわざわいして、モテるのですが晩婚になったり、あるいは一生独身で通す方もいらっしゃいます。

イエローの波形が強い方は、ご自身の性質を理解して、意識して相手の意見を聞き入れるようにする、相手や周りの人をコントロールするのをやめる、相手の話に耳を傾けてみるといった努力をすることで、パートナーシップが改善することも多くなります。

チャームポイント

個性的　カリスマ性がある　自分が大好き　独自の世界観で人を魅了する　譲れない
独自の価値観がある　自分の時間を大事にする　楽しむことが好き　意志が強い

ウィークポイント

マイペース　自己中心的　組織には向かない　楽しくないことはやりたくない　気分がのらないことはやらない　気分がのらないと遅刻する

向いている職業

・起業家、自営業
・作家、ライター
・タレント、芸人
・政治家
・独自のセンスが光るような職業
・自分の采配で決められる職業

【オレンジが弱い人の特徴】

典型的な「良妻賢母」タイプ 実は嫉妬深い面もある

声の波形のオレンジは、「意志」や「感性」を表わします。このオレンジが少ない人は、自分の感情を抑えることが得意。一方で、何かに依存しがちな人といえます。

いわゆる良妻賢母型の女性には、オレンジの色が少ない人がよく見られます。家庭の中でつねに夫や子供を優先し、家族のために尽くすのが生きがいになっているような方です。

これは美しい家族愛のようにも見えますが、そこまで尽くすには自分というものをかなり抑えなければなりません。

世の中にはDVを受けながらも別れない女性や、浮気を繰り返すような男性から離れない女性がいますが、こうした方もオレンジの波形が少ない傾向があります。

それは極端な例としても、誰かや何かに依存する性質をオレンジが少ない人は持ち合わせているといえます。

相手の浮気を疑ったり行動を束縛しがち

このタイプの女性がよく口にするのが、「彼は私がいないとダメなの」「彼とずっと寄りそってやっていくことが私の幸せ」。自らを犠牲にすることに喜びを見出しているうちに、やがてその愛情は執着へとねじれていってしまうことも……。

男性が「仕事が忙しくて、会う時間がとれない」などと言おうものなら浮気をしているのではないかと疑い、携帯電話をチェックするといった行動に出たりします。

LINEがなかなか既読にならないと不安をつのらせ、既読になっても返事がなかなかこないとそれも不満です。度がすぎると相手は疲れて離れていくことにもなるでしょう。

パートナーの行動が不安でたまらない人は、目を他に向けるように努力をしましょう。相手に「こうして欲しい」と望むのではなく、まずはご自身の心が、ご自分の行動で満足するようなことにトライしてみることをおすすめします。

チャームポイント

どんなときも冷静　淡々と仕事をこなせる　周囲にも、自分にも振り回されない

ウィークポイント

依存体質がある　外からの強い刺激を欲する　こだわりが強い　粘着質　ストーカー気質をもっている　要求が多い　クレーマー気質がある

【オレンジが強い人の特徴】

感情表現が豊かでモテる不倫や浮気を繰り返す心配もある

オレンジが強すぎる人は感情表現が豊かで、気持ちを隠すことができません。気分屋で、考えていることがそのまま表情に出るタイプです。人情派でもあり、情熱的。人を感動させるスピーチなどは得意です。

その熱量で人を動かす場合もありますが、感情的になってものごとをダメにすることもあります。あそこで感情的になり、逆上しなければいい関係性が続いていたのに……といったことが起こりがちなのです。

感情は抑えて我慢すればいいというものではありませんが、かといって感情にまかせても人間関係はうまくいきません。オレンジの波形をちょうどよいバランスにもっていくのが、一番の解決策といえます。

情熱のおもむくまま浮気や不倫を繰り返す人も…

オレンジは、パートナーシップにおいては「依存」という意味があります。

オレンジの波形が強く出る方は「依存」といっても一人の相手に執着するのではなく、〝恋愛依存症〟のような症状を示します。気持ちの向くまま恋愛を繰り返すのです。感情表現がじょうずなので、異性を口説くのは得意です。モテるために、浮気や不倫といったことも起こしがちです。

また、より強い刺激を求める性質がありますから、アルコールやギャンブル、買い物、ワクワクするものにはまる資質をもっています。

オレンジが強く出る方は、ご自分の魅力的な特性をうまく活用しつつ、それをじょうずにコントロールしながら、〝足る〟ということを知り、平凡でも幸せな人生を送るように意識するとよいでしょう。

チャームポイント

とても明るい性格　周りを盛り上げるのがじょうず　ムードメーカー　人を動かすことができる　リーダーシップがある　人を褒めて育てるのがうまい　義理人情に篤い

ウィークポイント

落ち込むと激しい　感情を隠すのが苦手　気分屋である　カッとしやすい　感情で人間関係をダメにすることも　執着する

向いている職業

・ヘアデザイナー、メイクアップアーティスト
・エステティシャン
・デザイナー

・アパレル関連
・ダンサー
・シェフ、パティシエ
・自分の感性を活かす職業

【レッドが弱い人の特徴】
気配りが得意な善人だが、気を使いすぎてエネルギーが枯渇しがち

声の波形でレッドが弱い人は、周囲への気配りができるよい人です。しかし、気を使いすぎて、〝疲れている〟といえます。疲弊して、エネルギーが足りなくなっているのです。

レッドが弱い人がよく口にするのは、「お金がない」「もう疲れちゃって」「やらなきゃいけないことはたくさんあるけど、なかなか進まなくて……」。言葉には言霊がありますから、こうした言葉をしょっちゅう口にすることで、マイナスの現実を引き寄せることになります。その結果、生活するための仕事に追われ、それだけで精いっぱいといった毎日を送ることになるのです。

周囲を気にしすぎる

レッドが少ない人は気を回しすぎる傾向があります。「こんなことを言ったら、こう思われるんじゃないか」「こんなことをしたら、嫌われるんじゃないか」などと思考が働きすぎて、結局、行動できなくなってしまうのです。

やりたいことがあっても一歩を踏み出せない。本当はそんな自分を変えたいと思っているのに、願うばかりで現実は少しも変わらない。そうしたジレンマを抱えているのではないでしょうか。

行動が起こせない

レッドが不足している人は、何事につけ先送りしてしまい、それが原因となって問題が生じることがあります。「あれもこれもやらなくては……」と頭では考えているのですが、なかなか行動に移せないうちに、やらなければならないことが雪だるま式に増えていきます。大事に至らないうちに、手をつけることを習慣化していきましょう。84ページで紹介している処方箋を参考にしてください。

チャームポイント

理想が高い　静かにしていられる

ウィークポイント

エネルギーが湧かない　持続力がない　体力的・精神的に消耗している

【レッドが強い人の特徴】

レッドが強い人はパワフルな〝行動派〟ただし、お金と時間を浪費する傾向も

声の波形にレッドが強く出ている人は、「パワー」と「行動力」のある人です。〝とりあえず動いてみる〟ことが得意で、他人よりも先に動く機敏さで幸運をつかむチャンスにも恵まれます。

一方で、きちんとした計画もなく動くことが多いので、お金や時間を無駄に使ってしまう傾向があります。交友関係が広いのはいいのですが、さまざまな誘いを断り切れず、どうでもいい人間関係にお金と時間を浪費し、つねに「お金が残らない」「時間が足りない」「体調を崩す」といったことにもなりがちです。

稼ぐ力は強いが手元に残らない浪費家も多い

レッドが出すぎの方は、動きすぎといえます。スケジュール帳が埋まっていないと不安になるタイプで、次から次に予定を入れます。

レッドは生命力、エネルギーの象徴でもあるので、レッドが強く出る方の中にはとても高額なお金を稼いでいる方もいらっしゃいます。経営者にはレッドが強く出ている方が多いのは、そのエネルギーと関係があります。

しかし、レッドだけが強く出ているようなバランスが悪い波形の方は、事業を行っても経費が多くかかりすぎて、お金が手元に残らないようなことにもなりがち。収入を上回るほど経費を使ってしまうのです。また持続力も課題になります。

イエローも強く出ているとワンマンタイプになりがち

男性に時折見られるのが、レッドからイエローにかけて強い波形が出て、他の色は少ないというタイプ。こういう方は、自分の興味のあること、好きなことには情熱的に動くのですが、そこだけで完結してしまいがちな性質があります。

職場であれば、人に仕事をまかせず、何でも自分でやってしまう上司がこのタイプです。「自分でやったほうが速い」と思い込んでいるのですが、それでは部下が育ちません。

家庭であれば、家族の都合など考慮せず、自分の勢いだけで休暇のスケジュールを組んでしまったりします。

こういった男性にレッドが弱い奥様という組み合わせの場合、奥様はつねに夫に振り回され、エネルギーが不足して疲弊していくことになります。

チャームポイント

パワフルで行動力がある　夢や理想を実現する力がある　リーダーシップがある　フットワークが軽い

ウィークポイント

スケジュールが埋まっていないと不安になる　動きすぎ　思いつきで行動しがち　熱意が空回りしがち

向いている職業

・経営者
・お金に関係する仕事
・スポーツ選手
・整体師など体に関係する仕事
・農業
・食に関係する仕事

Column

レッドと各色の関係でわかるあなたの性格診断

「声診断」は、1色の強弱だけではなく、各色のバランスで見ていきます。各色は相互に影響し合い、その人の思考や人格をつくり上げているからです。

ここではレッドに注目して、各色との相互関係性から、あなたの性格を診断してみましょう。

イエローが強くて、レッドが弱い

レッドが弱くてイエローが出ている方は、簡単にいえば〝楽しみすぎ〟な方です。「人生楽しまなきゃ！」とばかりに自分の好きなことに集中して、やらなければならないことを後回しにしてしまいがち。

楽しむにもエネルギーを使います。レジャーは楽しいけれど、疲れますよね。レッドが弱くてイエローが強い人は、つねに楽しいことばかりを追いかけているため、本来、やらなければならないことがおろそかになっている状態といえます。

オレンジが強くて、レッドが弱い

その場その場で、自分の感性を使いすぎる人です。自分の感性に忠実にふるまうので、周囲はその行動をなかなか理解することができません。自分が好きなこと、ワクワクすることを優先するため、周囲から浮いてしまうことがあります。

ブルーが強くて、レッドが弱い

ブルーは「論理性」「理知性」を意味します。ブルーが強い人は、世間の常識や自分の価値観といったものにこだわります。自分の価値観だけが「正しい」と信じ込んでいて、そこに合わないものはなかなか認めようとしません。そのかたくなさが、人間関係で問題をもたらすことがあります。

グリーンが強くて、レッドが弱い

グリーンは「協調性」です。したがって、グリーンの色が強い人は、誰とでも親しくなれる柔軟性があります。聞きじょうずであり、相手の気を逸らしません。周りから好かれる人で、友人も多いです。

しかしながら、グリーンが強く出ていてレッドが弱いと、自分を出すことができにくくなります。つねに周囲の意見に同調するあまり、自分の意見や考えがないような印象を与えがちです。

マゼンタが強くて、レッドが弱い

マゼンタが強くてレッドが弱い人は、他人からの承認を求めすぎる傾向があります。他人に依存する気持ちが強く、自分から他人にあれこれ求めがち。その一方で、自分から与えることは苦手な面があります。

【マゼンタが弱い人の特徴】
周囲に認められたいという承認欲求が強い人

マゼンタは「受容力」、つまり人としての器の大きさを意味します。何事も包み込むような懐の広さです。

したがってマゼンタの波形が弱い人は、他人からの承認欲求が強かったり、あるいは自己受容力が低かったりするケースが多いといえます。ありのままの自分を認めることができず、そこに苦しんでいることがよくあります。

こういう方の特徴としては、「日本は政治が悪いから生活が楽にならないんだ」などのように、漠然とした大きなものにも文句を言い、また同時に、「自分はここがダメなんだ、あそこがダメだ」というように、自分自身も攻撃してしまいがちです。

マゼンタが少なくて、ブルーが出ている人はキマジメ

マゼンタの波形が少なく、ブルーが強く出ている人は、規律や規則に忠実で、そこから少しでもはみ出るものは受けつけません。「これは決まりだから、その通りにしてもらわなくては困る」「例外など認められない」といった感じで融通が利かず、お役所の役人のようで、人間味に欠ける傾向があります。

マゼンタの色が少ない人はハートが閉じているといえます。まずは心に柔軟性を取り戻すことから始めましょう。86ページの「処方箋」を参考にして、ハートを開いていってください。

チャームポイント

自分に厳しい　他人を頼らず自力で何とかしようとする　努力家

ウィークポイント

自分を愛せない　つねに自分にダメ出しをしてしまう　他人を受け入れるのが苦手

自分の意見を否定されると怒る

【マゼンタが強い人の特徴】

愛情深く、楽観的な人たらし「都合のいい女」にならないように注意

マゼンタの意味するところは、「受容力」「愛」です。

マゼンタが強い人は、いい意味で楽観的。「ちょっとぐらい、いいんじゃない」といった何事も受け入れるおおらかさがあります。これが行きすぎると「なんでもアリ」といったいい加減さが出てしまいますが、広い心で他人を受け入れるため、周囲からは人気があります。

ほっとさせる雰囲気があり、自分を落として周囲を笑わせることも得意。人気があるお笑い芸人によくいるタイプといえます。お人好しで、多少毒を含んだことを言ってもなぜか憎めません。

ひじょうにモテるが相手をすべて許容するのが弱点

恋愛に関していえば、マゼンタが強く出ている人は非常にモテます。ただし、あまり強く出ていて他の色とのバランスが悪いと、相手のことを何でも受け入れてしまい、「都合のいい女」にもなりかねません。

そういう方は第3章を参考にして、自分の波形で足りない色が出るようにしていきましょう。最終的に目指すのは、各色がバランスよく出る「フルサウンドヴォイス」です。

チャームポイント

優しい　愛されキャラ　受容力が高い　誰のことも否定しない　懐が広い　鷹揚である　何事も多めに見ることができる

ウィークポイント

周囲に認められたいという気持ちが強い
承認欲求が強い　おせっかいを焼いてしまう　見返りを求める

向いている職業

・医師、看護師
・介護士など福祉関連
・秘書、コンシェルジュ
・保育士
・気配りが求められる仕事
・慈善活動家、宗教家など

郵便はがき

料金受取人払郵便

牛込局承認

9026

差出有効期間
2025年8月
19日まで
切手はいりません

162-8790

東京都新宿区矢来町114番地
神楽坂高橋ビル5F

株式会社ビジネス社

愛読者係 行

ご住所　〒 TEL:　　(　　)　　FAX:　　(　　)		
フリガナ お名前	年齢	性別 男・女
ご職業	メールアドレスまたはFAX メールまたはFAXによる新刊案内をご希望の方は、ご記入下さい。	
お買い上げ日・書店名 年　月　日　市区町村　書店		

ご購読ありがとうございました。今後の出版企画の参考に
致したいと存じますので、ぜひご意見をお聞かせください。

書籍名

お買い求めの動機

1　書店で見て　2　新聞広告（紙名　　　　　　　　）

3　書評・新刊紹介（掲載紙名　　　　　　　　）

4　知人・同僚のすすめ　5　上司、先生のすすめ　6　その他

本書の装幀（カバー），デザインなどに関するご感想

1　洒落ていた　2　めだっていた　3　タイトルがよい

4　まあまあ　5　よくない　6　その他(　　　　　　　　)

本書の定価についてご意見をお聞かせください

1　高い　2　安い　3　手ごろ　4　その他(　　　　　　　　)

本書についてご意見をお聞かせください

どんな出版をご希望ですか（著者、テーマなど）

第3章

自分の弱い色を強くする対処法

声の波形で弱い色はあなたの人生の課題を表わしている

「声診断」は音声心理学をベースにしています。波形で少ない色があるということは、そこに心理的なブロックが働いていることを意味します。その色が象徴する要素が、内面に足りていないのです。**波形に表われない色がある限り、人生において何度も同じ問題でつまずき、永遠にその問題から解放されることはありません。**

私がみなさんにお伝えしていることは、それぞれの色が出すぎず、へこみすぎもせず、真ん中ぐらいのちょうどよい波形になるのを目指しましょう、ということです。

このようにきれいな円環を描く波形を、フルサウンドヴォイスといいます。

原因を探して色が出るようにする

欠けている色が出るようにするには、その原因を探してブロックを外していくことが必要です。苦手な色は、あなたの人生の課題でもあります。その色を克服することで、あなたの人生は好転し始めるのです。本章では、その方法をお伝えしていきます。

すべての方におすすめの「トーニング瞑想」

出にくい色が出るようにするために、どなたにもおすすめなのが「トーニング瞑想」です。声を前に出すのではなく、声のボリュームを小さくし、後ろ（頭蓋）に響かせるようにして「あ〜」と静かに発声します。この発声法は声に意識が集中するので、思考が無になります。それで瞑想ができるというわけです。

声を使ったトーニング瞑想

① 「声診断ソフト・ライト」を立ち上げる（18ページ参照）。
② リラックスして「あ〜」と10秒間発声し、声の波形をとる。
③ 波形が一番少ない音階を確認する（これが今のあなたにとって薬になる音階）。
④ ③の音階に合わせて、3分間声を出す。

※色が表わす音階は、2ページを参照してください。

【ブルーが弱い人の処方箋】

自分の価値観へのこだわりを手放していくこと

ブルーが弱い人は、特定の価値観や固定観念に縛られているといえます。それはブルーが強く出ている人も同じなのですが、ブルーが強い人は「自分はこうです」と自らのこだわりを言語化できるのに対し、ブルーが弱い人は説明がうまくできません。自分のことが、自分でもよくわかっていないのです。

誰でも、「これは、こうすべき」「こうしなければいけない」といった考えがあります。まずは自分の内面とよく向き合って、心の中にある価値観や固定観念を紙に書き出す作業をしてみてください。

例えば、「ドアを開けたら閉める」といったことでも、開けっ放しにする人がいるとイラッとすることがあります。気になる人はなるけれど、気にしない人はしない。

世の中の揉めごとは、すべてこうした価値観の違いから生じています。夫婦間の揉めごとも、戦争も、元をただせば価値観の違いから始まるのです。

人間関係を壊す最大の原因

人間関係を壊すのは、このブルーが一番の原因といえます。ブルーの固定観念という枠があなたを縛り、そこから外れる人を否定してしまうのです。

そこで、できるだけブルーの基になる思い込みや固定観念を手放していくのがテーマになります。自分を縛る価値観や固定観念から卒業していくことは、真の自由を獲得することです。それを体得できるかどうかが、ブルーが弱い人の課題だといえます。

自分の中の常識、固定観念といったものを一つ一つ書き出して、それを眺めて、「こ

の考え方は、本当に自分に必要なものだろうか？」と振り返ってみてください。そのうえで、不要だと思ったものは手放していきましょう。人が生きていくのに、これは本当に必要なものなのかと考えてみると、多くのものは手放せるはずです。

思考が楽になると、この世で生きているステージが変わります。細かいことが気にならなくなると、人間関係も自然とよくなっていきます。

トーニング瞑想を生活に取り入れる

思考を手放すには、瞑想も有効です。周りの人の言動にイラッとしたとき、そのまま言葉にしてしまうと人間関係が崩れますから、「あ、またブルーの固定観念が出てきたな」と思い直して、その感情を手放すようにします。それを習慣化しましょう。

それには「トーニング瞑想」という瞑想法がよく効きます。本書の69ページで紹介している「トーニング瞑想」を、ぜひ試してみてください。心が落ち着いていくのを実感できるはずです。

【グリーンが弱い人の処方箋】

頭ばかりを使い、ハートが閉じた状態
呼吸法や体操で、胸部を緩ませる

グリーンは「共感力」「傾聴力」を表わします。グリーンが弱いということは、ハートが閉じている状態。日頃頭ばかりを使っていて、いつの間にか心や体が置き去りになっているのです。そのため周囲の人の感情を受け取れず、無意識のうちに他人を傷つけるような言動をしてしまうといったことも起こりがち。

こういう方は背骨の上のほう、胸椎のあたりが硬くなっていることがよくあります。

そこで対処法としては、呼吸法や、背骨を緩ませる体操がおすすめです。

ハートを開く呼吸法

呼吸法でハートを開くには、鼻から息を吸って、その息が体の中を通っていくのをずっと追いかけていきます。鼻から吸った息が胸に届いて、胸が広がって……と、呼吸にともなう体の感覚を追っていくのです。

光の輪のイメージトレーニング

グリーンが閉じている人は意識が頭にあることが多いので、もっと体の下のほうに降ろさなければなりません。そこで次のようなイメージトレーニングも役に立ちます。

まず、自分の頭の中に丸く光る輪があるとイメージしてください。

その輪が体の中を徐々に下のほうへと降りていき、エレベーターのように横隔膜のあたりまで降りてくると想像します。体中にホッとするような、リラックスした感覚が広がるはずです。

このイメージトレーニングを行うと、いつも意識が頭にある人が、胸のあたりまで意識の幅を広げられます。つねに思考に意識がいっている人が、自然と胸のあたりまで意識できるようになるのです。

これで思考の部分が柔軟になり、他人に心を打ち明けやすくなるといった変化が起き始めます。

首の体操をしてみる

いつも考えごとをしていて頭の中がいっぱいになっている人は、首が凝りやすい傾向があります。そこで思考を柔らかくするためにも、首を回す体操はおすすめです。

あまりにも首が凝っている人は背骨から硬くなっていますから、ヨガの「猫のポーズ」で背中を丸めたり反らせたりして、背骨から緩めていくとよいでしょう。

猫のポーズ

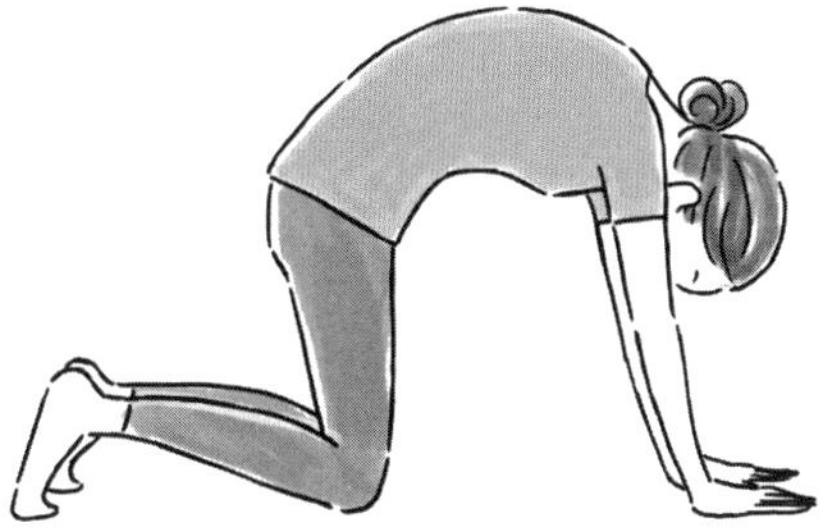

四つんばいになり、手は肩幅、脚は腰幅に開いて置く。背中をまっすぐに伸ばしたあと、息を吐きながら手の平で床を押し、背中を丸める。肩甲骨の間を広げるイメージ。

息を吸いながら背中を反らせていき、顔を斜め上に向ける。首が痛くて顔が上がらない場合は無理をせず、正面を向いたままでOK。ゆっくりと呼吸しながら、この動作を数回繰り返す。

【イエローが弱い人の処方箋】

自己犠牲の結果、自分を見失っている これまでの人生の棚卸しをする

イエローは「影響力」「カリスマ性」を表わします。「独自性」「個性」といってもよいでしょう。このイエローが弱いということは、自分を押し殺すような生活を続けた結果、自分自身がわからなくなっているということです。

もしかすると、家庭の中でご主人やお子さんに尽くすような生活を長く続けてきたのかもしれません。それは立派なことですが、子育てがひと段落すると心にぽっかり穴が開いたようになって、無価値感に襲われたりしがちです。家族の軸に合わせて暮らしてきたために、自分軸を見失ってしまっているようです。

そうしたことにならないように、本当の自分は何が好きなのか、どういったことに喜びを見出すタイプなのか、自分の内面を掘り下げていきましょう。まずは自分自身

を知ることが、解決への第一歩です。

自分は過去、何に夢中だったか自分史をつくって思い出す

具体的な方法としては、自分の棚卸しをするワークに取り組んでみるとか、10代で何をした、20代で何をしたなどと振り返り、自分史をつくる作業などが効果がありまず。

誰でも何かに夢中になった経験はあるものです。それは学校のクラブ活動かもしれませんし、趣味や、好きな芸能人の〝推し活〟だったりするかもしれません。これまでの人生を振り返り、書き出していくうちに思い出すことがあるでしょう。

なお、79ページに、声診断協会で使っている棚卸しをするシートを載せましたので、イエローが弱い方はぜひ活用してください。

	出来事		気づき	
	マイナスの出来事	感謝の出来事	気づいたこと	思考パターン
	失恋	県大会で 優勝できたこと	人の考え方は さまざま	承認されたい
	旅先で財布を すられたこと	あちこちで親切に してもらった	危険な人も いるけれど、 親切な人もいる	未知の世界を 知りたい
	仕事をしながら 子育てすることの 難しさ	両親への感謝	困難な状況でも、 いつかは改善される	負けず嫌い
	子供が不登校に なった	先生も協力して くれて不登校が 解決できたこと	人には親切に しておくと 助けてもらえる	心配性な面がある

棚卸しシート（記入例）

年代	自分		人		
	経験から学んだこと	好きなこと打ち込んだこと	人からもらったもの	人に与えたもの	
10代	みんなで力を合わせることの大切さ	部活のバスケットボール	チームワーク 先生からの称賛 ペットとの出会い	リーダーシップ	
20代	困ったときに助けてもらうことのありがたさ	旅行 英語の習得 仕事	旅先での出会い	頑張る人を応援すること	
30代	家族がいる幸せ	子育て	子育てを手伝ってくれる両親のありがたさを実感	仕事のチームで成績を伸ばせた	
40代	子育ての難しさと楽しさ	子育て 管理職としての仕事	後輩の成長を感じたときの喜び	自分なりの仕事のノウハウを伝えられた	
50代					

※79ページの記入例にならって記入してみましょう。

	出来事		気づき	
	マイナスの出来事	感謝の出来事	気づいたこと	思考パターン

棚卸しシート

年代	自分		人		
	経験から学んだこと	好きなこと打ち込んだこと	人からもらったもの	人に与えたもの	
10代					
20代					
30代					
40代					
50代					

【オレンジが弱い人の処方箋】

自分の感情を押し殺すことが習慣化
心がワクワクする体験をしてみる

オレンジは「感性」「意志力」を意味します。オレンジの波形が弱い人は、自分の感情を抑えることに慣れてしまっています。まずは自分の気持ちを素直に表現していくことが、オレンジの波形を出していく解決策になります。

とはいえ、急に「自分の意見や感情を表に出しましょう」と言われても、長年、抑えてきたために、もはや自分が何を望んでいるのか、それすらわからなくなっている方もいらっしゃるでしょう。

とりあえず感情の動きを復活させることが必要ですから、映画やミュージカル、ライブ、スポーツ観戦など何でもけっこうですので、心が揺り動かされるような、感動的な体験をすることから始めましょう。本能が活性化する趣味に取り組むのもよいでしょう。例えば、料理や歌、ヨガなど、体を使うものがおすすめです。

演劇の手法から感情の表現を学ぶ

オレンジが弱い人は感情を表現するのが苦手です。けれど、感情は出せばいいというものではありません。感情のじょうずな取り扱い方を学ぶ必要があります。

感情の出し方を学ぶために、お芝居にチャレンジしてみるのはどうでしょうか。地域の演劇ワークショップなどに参加してみましょう。それは少しハードルが高いという人は、感情を込めて本を朗読したり、想い入れたっぷりに歌を唄うのも効果があります。

【レッドが弱い人の処方箋】

疲れてエネルギーが不足している状態 まずはリラックスしてパワーチャージ

レッドは「パワー」「行動力」を意味します。レッドが強い人はエネルギッシュで、強い意志と行動力によってさまざまな課題を克服し、人生を自分で切り開いていくことができます。

レッドの波形が弱い人は、それと真逆の人生を送ることになります。

レッドが出にくい人は疲れて疲弊しているので、まずはその疲労感を癒やすところから始めてください。精神の疲れは肉体の疲れとも密接にかかわっていますから、不眠や体調不良で悩

んでいる方もいらっしゃるかもしれません。

日光を浴びながら散歩する、ゆっくり半身浴をするなど、心身ともにリラックスできることをやってみましょう。そうして体からパワーを復活させていくことです。

答えの出ないことを考え続けるのをやめる

もう一つ大切なことは、答えの出ないことを考え続けるのをやめることです。出口のない思考を続けることは、エネルギーロスの大きな原因です。思考を手放す瞑想に取り組んでみるのもよいでしょう。

おすすめなのが「トーニング瞑想」です。これは頭蓋に声を響かせるトーニングという発声をしながら瞑想するものです。詳しい方法は69ページをご覧ください。

【マゼンタが弱い人の処方箋】

自分の「受容力」を高めるために感謝を大切にして、ストレッチで緩む

マゼンタが弱い人は、自分の「受容力」、つまりキャパシティといったものを増やしていく必要があります。そのために有効なのが、「感謝ノート」をつけることです。

毎朝、感謝できることを10個見つけて書き出してください。パソコンやスマホで打ち込むのではなく、紙にペンで手書きするのがおすすめです。実際に手を動かして書くほうが、脳が働いて記憶に残りやすいからです。

例えば、朝起きて飲んだ水がおいしかったら、「ありがとう」。今日は晴れていて「ありがとう」など、何でもいいので「ありがたい」と思えることを書き出していきます。

こうすることで、頭の中が批判でいっぱいになりそうなのを減らすことができます。筋トレをするような感覚で、「感謝ノート」をつけてみてください。

「ゆるトレ」も効果あり

自分の「受容力」を伸ばすには、「ゆるトレ」もおすすめです。何かトラブルが起きたときに、「許します」と宣言するのです。実際に口に出さなくても、心の中で相手に対して「許します」と言えばOKです。最初は心から思うことができなくても、言葉だけでかまいません。

「今日はあの人にこんなことをされて、どうしても納得できない」と思っていたとしても、「許します」と言ってみましょう。

これも思考のトレーニングですが、「許します」と宣言する頻度が高くなればなるほど、体も心も柔軟性が増していきます。

ストレッチで体から緩める

相手を「許せない」と思うとき、人は心も体も緊張してガチガチになっています。そのためストレッチも効き目があります。

気を張って生きていると、「許せない」と思う場面も多いもの。けれど、リラックスして生活しているとそういう感情も減り、「まぁ、いいか」と思えることが増えていきます。他人に向けて発したあなたの刃は、すべて自分に跳ね返ってくると肝に銘じましょう。

第4章

パートナーシップの問題は声で解決できる！

声の波形の絡まりは、そのまま人間関係の絡まりになる

私はこれまで2万5000人の声を診断してきました。その方の抱える悩みや人生の課題といったものをうかがうことも多く、声の波形と悩みの間には相関関係があることに気づきました。そこに着目して声と心理の関係を研究し、改良を重ねた末に完成したのが「声診断ソフト」です。

声の波形は、その方のもつさまざまな性質を色と形で示してくれます。波形を読み解くことで、その方の思考のクセや抱えがちな課題といったものまでがわかるのです。さらに性格や特徴、受け入れがたいと感じる事柄まで読み解けますから、その方が陥りがちな思考パターン、人間関係のパターンもわかります。**人間関係のトラブルは、声の波形を見れば原因も一目瞭然。人間関係の絡まりは、声の波形の絡まりといえる**

のです。

パートナーとの問題は声の波形で読み解ける

トラブルの原因がわかれば、解決策もわかります。**つまり、あなたが抱えるパートナーシップの問題は、声の波形を紐解いてゆくことで解決できる、ということです。**

声でそんなことができるの？　と思われるかもしれませんが、実際に私は、声の波形とパートナーシップとの間に関連性がある事例を何度も見てきました。

この章では、それらの中から代表的な例をご紹介していきますね。

ブルーが強い男性と、グリーンとオレンジが強い女性は、かなりの確率で離婚の危機が訪れる

私はこれまで、本当にたくさんの方からパートナーシップについて相談を受けてきました。「離婚を考えているけれど、どうしたらよいでしょう」というお悩みです。最も多い組み合わせは、グリーンやオレンジが強い（あるいは弱い）女性と、ブルーが強い男性です。

グリーンは「共感力」「傾聴力」です。オレンジは「感性」「意志力」、そして「依存」ですから、グリーンやオレンジが強い（弱い）女性は、男性を精神的に頼りたいと思っていて、自分の話を聞いてもらって、共感してもらいたいと思っています。

しかし、ブルーが強い男性は論理的な思考が強く、分析力が発達しています。そのため、女性が共感を求めて話し始めると、「結論としては、いったい何が言いたいの？」

とか、「こうすればいいじゃないか」とアドバイスをして、話を効率よく手短に終わらせようとします。

女性のほうは「違うの、そうじゃなくて……」と話し続けようとしますが、男性は女性の本当の気持ちがわからずに迷宮入りしてしまいます。

グリーンやオレンジが強い（弱い）女性には、これが面白くありません。別に結論やアドバイスがほしいのではなく、ただ自分の話を聞いてほしくて話しているからです。話を聞いてもらい、「大変だね、頑張っているね」と言ってもらえば満足なのです。

けれど、男性は答えを出すのが自分の

仕事だと思っています。でも、アドバイスすればするほど女性は納得しません。納得しないどころか、男性に対して心を閉ざし、どんどん不機嫌になっていきます。こうなるとケンカの絶えない関係になり、ついには別離を考えるようになります。

「主人がモラハラなんです」と訴える奥様たち

こういった既婚女性がよくおっしゃるのは、「夫がモラハラなんです」という言葉。ご主人がよかれと思ってしたアドバイスが「モラハラ」と受け取られてしまうんですね。これはまだよいほうで、中には「夫がアスペルガーで」とおっしゃる方もいます。

奥様の心の奥には、自分をもっとわかってほしい、優しくしてほしいといった、夫に甘える感情があるのですが、ご主人にはグリーンの波形がないためにそれが伝わりません。意地悪などではなく、共感する資質を持ち合わせていないだけなのですが、奥様には、「自分のことを理解してくれない、自分とは合わない人」として受け取られてしまうわけです。

世の中にはよくパワハラ、モラハラの事例がありますが、それらの一部には、こうした波形の関係性によるもつれも含まれているのかもしれません。

ご主人のほうは不機嫌な妻をいぶかしがり、「妻の性格が変わってしまった。もっとお金を渡せば機嫌がよくなるのかな」と考えたりします。ところが、こういう奥様は、「違うの、お金じゃなくて愛が欲しい」と言います。ご主人は「いったい何が不満なんだ。オレは何も悪くない」となって、会話がちぐはぐになっていくのです。

実際に会ってみると好印象のご主人

こうしたご夫婦が声診断にいらっしゃることがあります。最初は奥様が相談に見えていて、そのうちにご夫婦でいらっしゃるのです。

たいていの場合、実際にご主人に会ってみると、穏やかで優しそうないい方です。奥様のお話から抱くイメージとはほど遠い方ばかりなのです。こういうとき、奥様は、「主人は外面だけいいんです」とおっしゃいます。

しかしながら、パートナーシップの問題はそのお二人の声の波形の絡まりによって生じるものです。つまり、それは何かを解消するために起きているのだと、私は解釈

しています。お二人の間にある「詰まり」のようなものを解消するツールとして、「声診断」は存在しているともいえます。

声の波形からトラブルの原因を探り、思考パターンや心の在り方を変えていくことで、問題は解決していけるのです。

原因がわかると相手を受け入れられる

相談にいらしたご夫妻の「声診断」をして、波形をお見せしながら、ご主人はブルーの「洞察力」「伝達力」が強い思考型の人で、グリーンの「共感力」は苦手であることを伝えます。

すると奥様は、ご主人の思考の特性を個性として受け入れられるようになるのです。みなさん、「ホッとした」とおっしゃいます。「主人は話を聞いてくれないと思っていたけれど、わざとではなく、苦手なだけなんですね。そうとわかって理解できた気がします。相手を責めるのではなく、お互いに理解し合うことが大事ですね」。

パートナーシップの問題というのは、二人の関係性の中で何かの化学反応が起きているということです。その化学反応の原因がわかることで、しこりは消えていきます。

離婚まで考えるほど不満が溜まってしまうというのは、まさに声の波形の絡まりです。グリーンが足りないご主人は、グリーンやオレンジの強い（弱い）奥様が求める「共感力」が得意ではないということなのです。そして、オレンジが強い（弱い）方は、他人に何かを要求する傾向があります。

「声診断」でその方の内面を可視化し、現象の奥にある相手の資質や心理をつかむことで、相手に対する理解が深まります。その結果、互いの悪い面を理解し、よい面に目を向けることができるようになり、パートナーシップの危機を乗り越えられたご夫婦はたくさんいらっしゃいます。「声診断」が救いのツールになっているのです。

ブルーが多い人と少ない人の組み合わせは、少ない側がストレスを溜めがち

ブルーが強い人は論理型であることはお話ししました。世の中には、ブルーが多く出ている人と、少ない人の組み合わせというカップルがよくいます。こうしたカップルに何が起こるかというと、ブルーの少ない側が、多い側に言いたいことを言えず、ストレスを溜めていくのです。

ブルーが多い人は「洞察力」「伝達力」に優れているので、ものごとをまとめたり、わかりやすく話すのが得意です。いわゆる弁が立つタイプで、他人を責めるときも筋道を立てて理論的に詰めてくるので、反論の余地がありません。

一方、ブルーが少ない人は論理立てて物事を話すのが苦手なので、言いたいことはあるのに言葉を飲み込み、我慢する場面が続きます。この結果、非常に強いストレス

が溜まります。

ブルーの強い人は自分の価値観へのこだわりも強く、それに合わないことをしようものなら、「何をやってるんだ!」といった強い口調で相手を責めます。そして、その価値観はゆるぎません。

また、ブルーが弱い人は整理整頓が苦手。反対に、多い人は整理整頓が得意です。こうしたことも一緒に生活を送るうえでトラブルの元となります。

ブルーが強いパートナーと長年暮らした方は、「なんだか喉が詰まっていて、言葉が出てこないんです」とよくおっしゃいます。

心の中では、パートナーに対して「もう勝手なんだから」などと思っていることは

いろいろあるのに、それが言えない。せっかく私のところに相談に見えても、どういうことで困っているのか、うまく言葉にできないという方がよくいらっしゃいます。

親のしつけが厳しい家庭で育った人はブルーの波形が少ない

ブルーが多すぎる方と少なすぎる方が、ほどよい波形になるためには、自分が信じ込んでいる価値観を手放していくことが必要です。

多すぎる方は、そうした価値観への信念が強すぎるあまり、他人のもつ価値観を受け入れられなかったり、自分の価値観を強要しようとしたりします。

一方、少なすぎる人は、無意識のうちに刷り込まれた他人の価値観（親の価値観など）に縛られて、自分軸を見失っているといえます。

ブルーの波形が少ない人に共通しているのは、ご両親に厳しくしつけられて育ったこと。「これはしてはいけない」「あれはダメ」「こういうときはこうしなければならない」など、多くの「ねばならない」を刷り込まれた結果、自分の価値観をうまく表現できなくなってしまっているのです。親のしつけが心にカギをかけてしまったようなものです。

こうした方の「声診断」では、その方の価値観について、「これは本当にあなたの思っていることですか、それとも親御さんから植え付けられたことですか」と一つ一つ丁寧に聞いて確認していきます。すると、「あっ、そうか、これは本当の私の想いではなかった」ということに気づいていかれる方が多いのです。

このようなステップを踏んではじめて、自分を縛っている親の価値観を一つ一つ手放すことができていきます。

パートナーシップの問題は自分の問題であることが多い

このようにして自分を縛っていた価値観の見直しが進んでいくと、不思議なことにパートナーへの不満も徐々に薄れていきます。ご主人がブルーの波形が強くて口やかましかった場合、ご主人が変わるというのではなく、奥様自身が、「なんだ、この不満は私の問題だったのだ」ということに気づかれるのです。

こういう事例を見るにつけ、パートナーシップの問題は、自分の内面の問題が相手に投影されているだけなのだと思うのです。

このからくりに気づくと、問題は相手にだけあるのではなく、自分の思い込みが相手をそのように見せている部分があることに思い至ります。誤解が解けるわけです。

ブルーの「俯瞰力」は相手を理解する力でもある

ブルーの意味する「俯瞰力」は、他人を理解する能力でもあります。その力が弱い人は靄《もや》がかかっていて、相手のことがよく見えていない状態ともいえます。その反対に強すぎる人は相手が見えすぎて、欠点まですべて見えてしまうようなところがあります。

ブルーの色が強すぎるのでもなく、弱すぎるのでもなく、ちょうどよい中間ぐらいの波形にしていくことが、ブルーのゴールだといえます。

そして、そこにマゼンタの「愛」の色が加わると、最強の改善策になります。

オレンジが強い人は浮気をしやすく、少ない人はストーカー気質がある

パートナーシップにおけるオレンジは、「依存」の意味があります。男性の場合は昔から「飲む、打つ、買う」とよくいいますが、こうした依存傾向のある方はオレンジが強いのです。快楽を満たすために、その対象を自分の内側ではなく、外側に求めます。外側から何か喜びの元をもってくることによって、心を喜ばせる。それが人生の豊かさだと思うわけです。

女性なら買い物依存症、男性ならゴルフ依存症などがよく知られています。ひどいケースでは、酒を飲みすぎて借金をつくるとか、ホストにはまって大金をつぎ込む、次々に浮気を繰り返す、さらにはアルコール中毒や薬物中毒など、人生が破綻してしまうような事態を招くこともあります。

何かへの依存から脱却するには、快楽の質を変えることが必要です。外側からものを取り入れるのではなく、自分自身で満たす回路をつくっていくのです。

例えば、今、目の前にある幸せを探して生きていることに感謝する、トレッキングで自然に触れるのを至上の喜びとする、あるいは瞑想を行って内面の充足で満たされるなどが考えられるでしょう。

オレンジが弱すぎる人は相手に執着する

オレンジの色が弱すぎる人は、イエローやオレンジが強くて自分の世界をもっている人や感情表現の豊かな人に惹かれ、そこに執着しがちです。「この人がいなくては生きていけない」というように、しがみついてしまうのです。これも依存の関係です。依存する人とさせる人は相互依存の関係にあるといえます。

女性にありがちなのは子供に依存する方です。子供の成長だけが喜びで、子供が巣立っていくと、心の中にぽっかりと穴が空き、自分の人生を見失ったようになります。

恋愛では相手を束縛しようとします。ある種のストーカー気質をもっているといえます。

ストーカーまではいかなくても、LINEの返信が遅いだけで不安になったり、相手の携帯をのぞき見したり……。まったく根拠もないのに「浮気されているのではないか」などと自分が描き出した心の不安を、相手に投影してしまうのです。

こうした恋愛のもつれは、オレンジのもつれだということができるでしょう。

自分の外側に満足を求めるのではなく自分自身で満足できるようにする

オレンジが強い人、弱い人、どちらも「依存」気質が課題ですから、これを解決す

るには、「自立」がキーワードになります。**自分の心を満たすものを外側に求めるのではなく、自分自身で満足できるように心の欲やエゴを少なくしていくのです。**

オレンジが弱い人は、誰かが何かをしてくれるのを待つのではなく、自分から進んで行動するようにしてみましょう。

例えば自分から挨拶をしてみるなど、できることから始めてみてください。相手が返してくれなくても、「そういうこともあるよね」くらいで気にしないことです。なんでも相手や周囲に原因を求めるのではなく、自分の心を自分で満たしていくように努めましょう。

オレンジが強い人は、刺激を外部に求めがちですから、自分自身で満ち足りて過ごせるように、瞑想などに取り組んでみるのもおすすめです。

イエローが多い男性と少ない女性のカップルも、離婚の危機に至る問題が起きやすい

イエローは「影響力」「カリスマ性」を表わします。不思議なことに、イエローも多く出ている方と少ない方のカップルがよく見られます。イエローやオレンジが少ない女性は、イエローの強い男性に惹かれる傾向があるのです。「オレについてこい」といった男らしい男性に魅力を感じ、そんな彼を支えるのが自分の役割だと思うようです。

これはお付き合いをしている間はうまくいくのですが、一緒に住むようになり、毎日の生活がその力関係のもとで繰り返されるようになると、だんだんと不満が溜まってきます。外食をするにしてもつねに男性が食べたいものになり、一緒に買い物に行こうものなら気短な男性に合わせなければならず、おちおち選んでもいられません。「ど

うして私は彼のペースで生きているのかしら」といった疑問が女性の心を沈ませていきます。

そしてある日、「私の自己犠牲のうえにこの関係が成り立っている」という事実に気づくのです。

ご主人の定年が見えてくると熟年離婚を考えることに…

こうした夫婦関係に悩む奥様が「声診断」にいらっしゃることがよくあります。「私の人生、このままでいいのかと思うんです」と、ご主人の定年を前に熟年離婚を考えられるのです。奥様の声の波形はイエローがへこんでいます。

こういう方は必ずといっていいほど、「いつ離婚してもいいように経済力をつけたいんです」とおっしゃって、起業したいと口にします。けれど、これまではパートに出たことがあるくらいで、ご主人の希望で専業主婦だったというケースがほとんど。「何をしたいですか?」と質問すると、「それがわからないから診断に来たんです。私に何ができるでしょうか?」という返事が返ってきます。

正直なところ、イエローが出ないまま起業してもうまくはいきません。

そこで「声診断」では、その方のイエローをへこませている原因を探っていきます。**よくあるのはブルーが原因で、イエローが出ていないケースです。ご両親の教育が「女性はこういうもの」「妻はこういうもの」と厳しくて、自分を抑える習慣が身についてしまっているのです。**

このようなとき私は、「離婚するかどうかはご自身の選択ですが、イエローが出ないままで離婚して起業してもうまくいきませんよ」とお話しします。自分で稼げるようになるためにも、まずはイエローを出すトレーニングをしましょう、「棚卸しシート」を使ったりして抑えている自分を出していきましょう、とお伝えします。

奥様が変わったらご主人の態度も変わった

ある奥様は、私のところでワークシートなどに取り組んだ結果、ありのままの自分を愛せるようになったそうです。そしてご主人のありがたさにも、改めて気づくことができたとか。「お父さんがいたおかげで、今の私の生活があるんだと思えるようになりました」とおっしゃっていました。ワークのおかげで思考が整理されたのです。

その奥様が、先日、半年ぶりにお見えになりました。

「主人がすっかり変わって。子供にお金を残してもしょうがないから、二人で好きなところに旅行に行こうと言い出して、今ではいろんなところを旅行しています」と報告してくださり、北陸の銘菓をお土産にくださいました。

奥様のイエローが出たことによって、ご主人とのバランスがよくなったのでしょう。フィフティ・フィフティの関係になり、奥様も自分が旅行に行きたい先を言えるようになったそうです。ご主人も、「じゃあ、今度はそこに行こうか」と聞いてくれるようになったとのこと。明るい笑顔を拝見して、本当によかったと思いました。

相手の気になる部分は自分が欲しているもの⁉

パートナーシップの課題というのは、自分の欠けた部分が相手に投影された結果というケースが多いのです。相手の気になる部分は、実は自分が欲している部分、自分に欠けているものだったりします。

「声診断」は、それを具体的な色として可視化してくれます。**あなたに欠けている色は、あなたの課題。そ**

してあなたは、パートナーにその解決策を求めているのかもしれません。それがトラブルの原因であることも考えられます。

つまり、あなた自身の心の問題を、相手との現象によって解決しようとしているのかもしれないのです。「声診断」は、こうしたことに気づかせてくれるツールでもあります。

マゼンタが少ない同士のカップルは激しいケンカをしやすい

マゼンタが少ない同士のカップルは、実はとても多くいらっしゃいます。このカップルはつねに相手に気を使いながら過ごしていますが、ときに激しいケンカをするという特徴があります。当然、離婚問題に発展することもあります。「受容力」のマゼンタが不足していることで、相手を激しく責めてしまうのです。

どちらかのマゼンタが出ていれば相手を大目に見るため、離婚問題には発展しません。ところが両方のマゼンタが少ないと互いに爆弾を投下し合い、傷つけ合うことになります。赤の他人にならオブラートに包んで言うところを、パートナーには直球そのままでぶつけてしまうのです。

それは正しい指摘ではあるのですが、それを言ったら人間関係が崩れてしまうようなことを言い合います。

ストレートな物言いが夫婦関係を崩していく

例えば、ご主人が「俺、本当はもっと家族を大事にして、子供の参観日とかも行きたいんだよね」と言ったとします。すると奥様は「またそんなこと言って。いつも口ばっかりじゃない」などのように突っ込んでしまうのです。

ご主人はご主人で、奥様が「私、料理を習いに行きたいんだけど、行ってもいいかしら？」と言うと、即座に「お前、料理のセンスよくないぞ。行っても無駄だ」などと直球で返したりしがち。

お互いにどこかしら真意を含んではいますが、毎日こんな調子では、温かい家庭にはなりません。

そこで、こういう方には「マゼンタを増やしましょう」とお話しするのですが、ここでブルーが多い方だと、「そんな嘘をつくようなこと、できません」と拒否反応を示したりします。ブルーの論理性が頭をもたげてしまうのです。

しかしながら、マゼンタを増やさずに離婚に至った場合、また同じような人をつかまえることになります。そこで、「別れてもかまわないと思いますが、マゼンタが少ないまま離婚してもまた同じようなお相手をつかまえることになりますよ」とお話しします。「離婚するにしても、その準備として、マゼンタが増えてきてから離婚してはどうですか？」と。そうするとみなさん、しぶしぶながらこのマゼンタを伸ばすトレーニングに取り組んでくださいます。

「褒める」「認める」「感謝する」がマゼンタのトレーニング

マゼンタが出るようになるトレーニング

は難しくありません。**「褒める」「認める」「感謝する」、この3つを1セットにして、1日に1回必ず行うのです。**

「今日のネクタイ、とってもいいと思うよ」くらいのところから始めればOK。ご主人に不満をもっている奥様は、最初は「次に出会う、新しい夫のために頑張る」といった気持ちで取り組まれるわけですが、続けるうちに、「不思議なことに、主人が変わったんです」とおっしゃる方がたくさんいらっしゃいます。

奥様がブルーを働かせてご主人の欠点を指摘している間は、ご主人も反撃をしかけてきます。しかし、「褒める」「認める」「感謝する」のトレーニングを続けるうちに奥様のマゼンタが出るようになり、ご主人も攻撃してこなくなるのです。

数カ月もすると、「ひどい人だと思っていたけれど、べつに別れなくてもいいかなと思うようになってきました」とおっしゃる奥様がほとんど。**それまでのご夫婦の関係は、奥様の強いブルーが生み出すジャッジメントを、ご主人に浴びせかけていたことが原因だったのです。**

そこに気づいて、ご自分がそのブルーを使わずに、マゼンタの「愛」だけを使うようになったら、相手からもそこだけが返ってくるのです。

「褒める」「認める」「感謝する」のトレーニングには、問題のある人間関係を大きく変える力があります。今、何か人間関係で頭の痛いトラブルがある方はぜひ試してみてください。

声の波形は人生の学び

こうしてさまざまな方の声を診断させていただいて感じるのは、声の波形はまさに人生の学びであるということです。**出ている波形、出ていない波形にはそれぞれ理由があり、そこを改善しようと務めることによって、人格が磨かれ、精神も高まっていきます。**

特にパートナーシップの問題は、お互いが人間としてより成長するために、自分の学びとして問題が現れてくれたと捉えることができます。

せっかくあなたの人生に出現してくれた学びの機会なのですから、それを無駄にせず、自らの魂を磨く糧《かて》として考えてみてはいかがでしょうか。

マゼンタの「受容力」を出していくことが人生を豊かにする

パートナーシップの問題を解決するカギは、声の波形でマゼンタが出るようにしていくことです。マゼンタは「受容力」ですから、この色が出るようにすることは、心の器を広げるトレーニングといえます。

人間、生きているとさまざまなことが起こります。ときには「許せない」と思うようなことも起こるでしょう。でも、長い目でみれば、許すほうが断然得なのです。「許せない」という感情は負の波動を放ちます。許せないことをいくつも抱えた人は、自分の人生にたくさんの重しをぶら下げているようなもの。**浮上しない低空飛行の人生を送っている人ほど、許せないことが多いものです。**

それなら、許してしまったほうがいい。筋トレと同じで、トレーニングをすれば許すことは難しくなります。相手を非難することから、需要する、受け入れる方向にシフトしていくのです。

人を変えるより、自分が変わること

「人を変えるのは難しい」とよくいわれます。みなさんも、それは承知しているはずです。しかし、これがパートナーになると、「私はこうしてほしいのに、どうしてあなたはそうなの？」となります。自分の望むようにパートナーに行動してほしいと考えるのです。身近な存在だからこそ、より多くを求めてしまうのですね。

でも、繰り返しますが、他人を変える

のは難しいのです。

「声診断」では、パートナーと別れたほうがよいかどうか迷っているというご相談をよく受けます。しかし、別れるかどうかは目先のことでしかありません。

それより、自分の「受容力」を育てていくほうが、人生は豊かになります。相手を変えるのではなく、自分の内面を変えていくことで、温かな人生を手に入れられるのです。

究極の目標はフルサウンドヴォイスが出ること

ここまで読んでいただいて、複雑な人間関係の絡まりも、声の波形を読み解くことで、解決へと導いていけることがおわかりいただけたと思います。

トラブルに直面している関係を修復するには、まずはマゼンタが出るようにすることです。ただし、ここにも注意点があります。他の色が出ていないのにマゼンタだけが出るようになった場合、特に女性は相手のわがままを受け入れてしまうようになります。わかりやすくいうと、「都合のいい女」になってしまうのです。そして相手からの見返りがないと絶望的になり、精神的な安定も得ることができないといった状態に陥りがちです。

そうならないためには、やはり各色がバランスよく出るフルサウンドヴォイスになることです。**「声診断」では12色すべてがバランスよく出ている波形をフルサウンドヴォイスと呼びます。人が目指すべき理想の波形です。各色のバランスがとれたフルサウンドヴォイスが出るようになれば、あなたの人生はあらゆる場面で好転していきます。**あなたの夢を応援してくれる人が現れ、人生に必要なものが次々に差し出されるようになります。

フルサウンドヴォイスは、人間のもつあらゆる要素をバランスよく含んだ声ですから、聴く人の奥深いところに響き、共鳴を生み出すのです。

足りない愛を出していくのがフルサウンドヴォイスのトレーニング

理想のパートナーをつかまえようとして、着飾ってお見合い写真を撮ったり、エステに通ったり、マナー教室に通ったり……。そうした努力は立派ですが、それで理想の相手がつかまるかといえば、それはわかりません。仮に出会って一時は結ばれたとしても、表面を整えて出会った相手は心の底で通じ合っているのではないため、結局はわかり合えない可能性もあります。

それよりも、自らのマイナスの要素を減らしていき、明るい希望で満たそうと努力することで、あなたの心の本質的な部分が磨かれていきます。

この世のあらゆるものは波動を放っています。あなたが明るくクリアな波動を放てば、同じ輝きの波動の人が呼応します。互いに尊重し合えるような関係性を築き上げるには、まずは自分自身の心をデトックスして、プラスの光に満たされるようにすればよいのです。

人がこの世に生まれてきた理由は、愛を体験するためです。一生に一度、心の底からつながり合えるような人との関係をつくりたいものです。

そのためには、自分を100%愛してくれる人を待つのではなく、自分の愛する力を磨いていくこと、自分の人格を高めていくことです。それは年齢に関係ありません。いくつになっても、クリアな輝きの波動をもつ人には、ふさわしい人が呼応してくれます。

あなたの目の前に現れた人は、自分の心の投影です。相手の財産や収入といった条件を掲げ、どこかから王子様がやってくるのを期待するのではなく、自分の波動が変われば、目の前の人が王子様になるのです。

声をチェックしてフルサウンドヴォイスが出るようにしていくということは、自分の愛の度合いをチェックすることでもあります。もし少ない色があったなら、そこに関してはまだ課題があるのだなというふうに受け取って、出るように心を整えていけばよいのです。

周りの人に愛を与えていく、愛をもらう側から与える側にシフトしていく。それこそが本当の愛され声なのです。この本を参考に、みなさんが全方位の愛され声の持ち主になっていけることを祈っています。

おわりに

人間関係というのは、自分自身が成長するためにこの宇宙がもたらしてくれた最高の教材だといえます。

例えば自分にとって課題だと思っている人がいたとして、その相手に感謝を向けると相手が変わっていきます。自分が苦手なことをあえて行うことによって、道が開けていくのです。私はそれを何度も目撃してきました。

自分はこの人から何を学ぶのだろうと思って向き合い、それで互いがより高め合っていける場合もありますが、もちろん、長い人生を送る間には波動が違って離れていく場合もあるでしょう。それでも相手から学んだことは、これからのあなたの人生にとってプラスとなり、よりよい方向に導いてくれるはずです。

人生は一本道ではありません。あっちに行ったりこっちに行ったりしながら、それでも続いていくのが人の生きる道です。快適な道ばかりではないでしょう。ときにはぬかるみに足をとられることだってあるかもしれません。

それでも「声診断」の波形を羅針盤として、各色がバランスよく出るように努めていくと、あなたの思考、性格、内面は、すべてが真ん中に、バランスよく保てるようになります。声が変われば、自然とよい人生になっていくのです。

頭で考えて、「こうしなければならない、ああしなければならない」というのではなく、ただ波形を克服していくことによって、現実がバランスのとれた世界へと変わっていきます。それが、2万5000人を超える人の声を診断してきた私の実感です。

あなたの人生を豊かなものに導いてくれる「声診断」を、ぜひ生活に取り入れてみてください。

最後になりましたが、以前「声診断」をさせていただいたご縁から推薦文を寄せていただきました湯川れい子先生に、心より御礼申し上げます。

2024年5月　中島由美子

●著者略歴
中島由美子（なかじま・ゆみこ）
「フルサウンドヴォイス」「声道」創始者。「声診断メソッド」開発者。一般社団法人日本声診断協会代表理事。神奈川県未病産業研究会会員。
神奈川県茅ヶ崎市出身。司会業やラジオパーソナリティなど、人前で話す仕事を行ううちに、声と人のメンタルには深いつながりがあることに気づく。「一生懸命、発声練習をするよりも、内面を変える方が声が変わる」、そのことを実証するために、19年間で２万5000人以上のカウンセリングを行い、声のデーターを蓄積。それを分析し、声の周波数と思考パターンを研究。声と人の持つ資質、個性の傾向と相関関係を体系化した「声診断メソッド」を開発する。
2012年、一般社団法人日本声診断協会を立ち上げ、声診断メソッドを用いてカウンセリングを行う音声心理士、また、音響療法と声診断とを組み合わせて施術を行う音声療法士（共に商標取得）の育成、資格認定を開始する。声診断の体験から得たデーターを生かし、声を使って「人が本来持つ力を引き出す」ための発声法、「フルサウンドヴォイストレーニング」、音響学・生理学・科学・物理学から研究された世界最古のヴォイストレーニングとIT技術を駆使し、心を可視化するメンタルメソッドに融合させた最先端のヴォイストレーニングを開発。著書に『人生を好転させる 声のみがき方』（ビジネス社）、『成功する声を手に入れる本』（青春出版社）、『開運！ 神傾聴』（KADOKAWA）などがある。

中島由美子 公式ホームページ　https://yumiko-nakajima.com/
（一社）日本声診断協会ホームページ　https://www.koeshindan.jp/
（一社）日本声診断協会 お問い合わせ各種　https://smart.reservestock.jp/menu/profile/38791

愛され声の叶え方

2024年６月１日　　第１刷発行

著　者　中島由美子
発行者　唐津　隆
発行所　株式会社ビジネス社
〒162-0805 東京都新宿区矢来町114番地
神楽坂高橋ビル５階
電話 03(5227)1602　FAX 03(5227)1603
https://www.business-sha.co.jp

カバー印刷・本文印刷・製本／半七写真印刷工業株式会社
〈カバーデザイン〉長谷川有香（ムシカゴグラフィクス）
〈本文デザイン〉関根康弘（T-Borne）
〈イラスト〉小関恵子
〈協力〉合同会社 Dream Maker／合同会社 Kazuki
〈編集担当〉山浦秀紀　〈営業担当〉山口健志

ISBN978-4-8284-2600-6